我国旅游业体制改革创新研究

姜秀谦 刘应杰 张占斌◎等著

人民出版社

目录

我国旅游业
体制改革
创新研究

第一章　现代旅游业的性质和基本特征研究

第二章　我国旅游业的发展趋势和战略目标研究

第三章　主要国家的旅游管理体制比较研究

第四章　构建中国特色旅游管理体制的政策建议研究

前　言

　　为把我国旅游业培育成为国民经济中的战略性支柱产业，充分发挥其在现代服务业中的主引擎作用，推动我国旅游业在发展中实现这"两大战略目标"，2011 年年初中国行政体制改革研究会围绕"我国旅游业实现'两大战略目标'的体制改革创新"主题进行专题研究。课题组组织相关专家在深入把握现代旅游业的性质和基本特征的基础上，客观分析我国旅游业的战略目标和发展趋势，对比研究主要国家旅游管理体制，为构建中国特色旅游管理体制的相关配套政策，提出决策咨询建议。

　　中国行政体制改革研究会成立了《我国旅游业实现两大战略目标的体制改革创新研究》课题组。以国家行政学院原常务副院长、中国行政体制改革研究会会长魏礼群，中央机构编制委员会办公室副主任、中国行政体制改革研究会副会长王峰为顾问，以国务院研究室社会司巡视员姜秀谦为组长。成员由国务院研究室、国家行政学院、国家旅游局、国家粮食局、中国行政体制改革研究会等有关机构的专家学者组成。

　　课题组专家先后赴国家旅游局、山东、海南、内蒙古、日本等地调研，并多次组织专家座谈。经过反复研讨、修改和完善，总报告及若干政策咨询报告于 2012 年 2 月 16 日最终完稿。

2015 年上半年，中国国际经济交流中心就《中国旅游业发展"十三五"规划纲要研究》和《中国旅游业发展战略纲要（2015—2050）研究》两个重大课题进行立项并组织力量进行专题研究，魏礼群同志担任这两个课题的组长，课题组成员由国务院研究室、国家行政学院、国家旅游局、中国国际经济交流中心、中国行政体制改革研究会等有关机构的专家学者组成。为了更好地借鉴已有的成果，更好地推动这两个重大课题的研究，我们决定将《我国旅游业实现两大战略目标的体制改革创新研究》的成果以本书名结集出版，以资政参考。

总　论

中国旅游业实现"两大战略目标"体制改革创新研究

　　当今世界，旅游日益成为现代社会重要的生产生活方式和社会经济活动，旅游业已经成为全球规模最大和发展势头最为强劲的综合性、战略性产业。党中央、国务院以及各地方政府均对旅游产业的发展给予了高度重视。早在1998年12月，中央工作会议就将旅游业与房地产业、信息业确定为国民经济新的增长点。此后，各省、自治区和直辖市也相继加强了对旅游业的政策支持力度，而其中具有丰富旅游资源的地方更是将旅游业定位为当地经济发展的支柱产业或先导产业。2000年又提出到2020年左右，把我国由亚洲旅游大国建设成为世界旅游强国，把旅游业真正发展成为我国国民经济的支柱产业。这些政策和规划有力推动了我国旅游业的发展，使其产业规模不断扩大，产业体系日趋完善。2009年《国务院关于加快发展旅游业的意见》（国发〔2009〕41号）更是进一步提出了旅游业发展的"两大战略目标"，即"把旅游业培育成国民经济的战略性支柱产业和人民群众更加满意的现代服务业"，由此掀起了旅游业发展的新高潮。但从实现"两大战略目标"的总体要求来看，现行旅游管理体制中仍存在着一些不利于旅游业科学发展的制约因素，需要我们站在全局的高度，充分认识旅游业在国民经济中的重要战略地位，在认真剖析现阶段旅游管理体制存在主要问题的基础上，探索我国旅游管理体制改革与创新的方向，以促进我国旅游产业持续、健康、协调发展。

一、现代旅游业发展的总体趋势

（一）世界旅游业发展的现状和趋势

纵观 60 年来世界旅游业的发展，呈现以下突出特点和发展态势：

1. 全球旅游业呈现高速、持续、稳定增长，没有哪一个行业或产业可与之相提并论

就世界旅游业收入增长速度而言，过去 60 年中年平均增长率为 6.9%，基本是每隔 10 年左右就会翻番。据世界旅游组织公布的数据，截止到 2010 年，国际旅游业经济总量占全球 GDP10% 以上，旅游投资占投资总额的 12% 以上。国际旅游业在世界经济中的地位和权重可见一斑。

2. 旅游已基本实现了休闲化、大众化和社会化，成为人们普遍的生活方式和基本权利，世界已经进入"旅游时代"

半个多世纪以来，随着科技进步和经济发展，人们的休闲时间不断增加，恩格尔系数则不断降低，人们可自由支配收入大幅度增加。在这种背景下，众多旅游者旅游的目的也从传统的开阔眼界、增长见识，向放松身心、陶冶情趣等方向转变，休闲度假旅游成为现代人生活的重要组成部分。

3. 旅游业与科技、教育、文化、体育、商务、会展、金融、信息等产业的结合越来越紧密，成为跨领域、跨行业的综合性、战略性产业

一是科技进步和技术创新已成为世界旅游业发展的主要推动力。信息技术、网络技术、交通技术的快速发展，促进了旅游需求多样化、旅游管理信息化、旅游装备科技化。二是旅游业与文化体育事业产业的结合成为亮点。文化是旅游产品的灵魂，没有文化的旅游是不存在的。像奥运会、世博会这样重大的文化体育盛会，既可以为主办国带来强劲的旅游客源和旅游收入增长，也可以传播本国文化、展示文明成果、提升国家形象。三是旅游业直接促进了与其密切相关的酒店业、餐饮业、服务业和百货及奢侈品消费发展。而且，旅游公司本身也可以成为庞大的商业帝国。如全球最大的旅游企业美国运通公司，资产总额 2000 多亿美元，有遍布全球 130 多个国家 1700 多家营业网点，平均年收入 360 亿美元。

4. 旅游安全受到广泛关注，绿色出行成为新动向

一方面从安全的角度来看，旅游目的地的局部战争、地区冲突、民族冲突、宗教冲突、国际恐怖主义、政局动荡、社会不安定和自然灾害、重大事故、传染性疾病等因素，都会打击旅游者的消费信心，从而对世界旅游业的发展产生不利影响。毫无疑问，未来的旅游安全和旅游目的地的社会稳定和谐，将越来越被旅游机构和旅游者所重视。另一方面从可持续发展的角度来看，各国日益重视对自然资源、人文资源和生态环境的保护，加强旅游目的地的环境建设。同时引导旅游企业和旅游者积极履行社会责任、环境责任，关注和应对全球变暖问题，努力减少旅游活动对自然、人文和生态环境的负面影响。

（二）我国旅游业发展的现状和趋势

1. 旅游业发展起步晚、发展快，在国民经济中的地位和作用日益加强，由旅游大国向旅游强国迈进

新中国成立后到改革开放前的近三十年间，我国旅游业主要局限在为外交和民间往来活动服务的入境旅游。改革开放后，旅游业的发展才刚刚起步。三十多年来，我国旅游人数和旅游收入基本上都以年均两位数以上的增速持续增长，已经成为国民经济的重要产业，成为继住房、汽车之后增长最快的居民消费领域。2010 年，我国旅游业总收入 1.57 万亿元，对经济的直接贡献相当于 GDP 的 2.5%，加上带动其他产业，旅游业对经济的直接和间接贡献总计相当于 GDP 的 8.6%。旅游业直接从业人员 1350 万人，加上带动其他就业，旅游业直接与间接就业总人数达 7600 余万人，约占全国就业总数的 9.6%。今后旅游业的规模仍将快速扩张。据世界旅游组织预测，到 2020 年，中国旅游总收入将占全国 GDP 的 8%。我国旅游产业发展规划也提出，到 2020 年旅游业总收入将超过 3.3 万亿元，占 GDP 的 8%，实现由旅游大国到旅游强国的历史性跨越。

2. 我国正迈入"大众旅游"消费时代，旅游人数将保持高速增长，有望成为全球第一大旅游市场

按照国际上的一般看法，当人均 GDP 达到 3000 美元，旅游需求就会出现爆发式增长。到 2010 年年底，我国人均 GDP 已经超过 4000 美元，全年国内旅游人数达 21 亿人次，城乡居民人均出游率达 1.5 人次；入境旅游人数 1.34 亿人次，旅游外汇收入 458 亿美元；出境旅游人数 5739 万人次。这些数据表明，中国已经进入"大众旅游"消费时代。目前，我国已经跃居全球第三大入境旅游接待国和亚洲第一大出境旅游客源国。而随着城乡居民收入水平和改善生活质量需求的提高,尤其是随着中等收入阶层规模的不断增加,旅游消费预期会得到极大释放,未来我国旅游业市场前景广阔,需求潜力很大,发展空间很大。旅游参与者规模必然迅速扩大,据世界旅游组织测算,2015 年,我国将成为全球最大的入境接待国和第四大出境旅游客源国。

3. 旅游消费仍处于"低消费、低水平"阶段,但消费结构升级加快,消费强度由低水平向中高水平快速提升

从消费强度看,我国旅游无论是入境旅游还是国内旅游,都属于低消费。2010 年我国入境旅游者人均消费约 350 美元,在亚太地区,像澳大利亚的入境人均旅游消费已达 2500 美元。国内旅游方面,2010 年全国人均旅游消费约 600 元,而目前全球旅游者的人均消费是 850 美元。就消费结构而言,目前我国国内旅游消费的结构中,食、住、行的比重较大,达七成以上,游览、购物、娱乐不到三成。也就是说,旅游中物质消费多,精神消费少。而国际上一些旅游发达国家和地区如法国、新加坡、中国香港等,旅游消费中游览、购物、娱乐支出通常占到六成。但随着我国城乡居民收入水平的提高以及旅游基础设施的完善和旅游服务保障水平的提高,旅游消费的结构将会快速升级,从传统的"食、住、行、游、购、娱"向更多方面扩展,从物质消费为主转向物质消费和服务消费并重,从基本需求型向舒适型、享受型过渡,从而满足人们多样化的旅游消费需求。

4. 从旅游市场发育程度看,国内旅游、观光旅游、中短程旅游仍是主体,但出境旅游快速发展,休闲度假旅游需求快速增长

一是就旅游消费方式而言,走马观花式的观光旅游仍处于主体地位，活动内容比较单一，享受型、文化型旅游项目比较少，与此同时，近年来休闲度假旅游需求快速增长。二是就旅游目的地来看，国内旅游主体出境旅游快速发展。"十一五"期间，我国出境旅游人数年均增长19%，发展势头强劲，增速快、潜力大，亚洲第一大出境旅游大国地位更加巩固。从入境旅游、出境旅游、国内旅游三大消费市场成长性及份额来看，它们都会相应地获得较快发展，但国内旅游市场的成长性最好，仍然会是旅游消费市场的主体。三是就旅游的地域性和时间期限而言，一般以中短距离旅游为主，远距离旅游相对较少；旅游时间期限较短，一般多为两三天或三五天，"一日游"也占有很大比重，一周以上旅游的比较少。从发展趋来看，短途旅游逐渐向中长途发展（本书所指300公里以下为短途旅游，300至600公里为中途旅游，600公里以上为长途旅游），飞机、高铁等快速交通工具将成为首选，短期旅游也将向中长期旅游发展（本书所指短期旅游为3天以下，3至7天为中期旅游，7天以上为长期旅游）。

二、旅游业的战略地位和发展旅游业的重大意义

（一）旅游业在我国国民经济中的战略地位

1. 旅游业是国民经济的战略性支柱产业

所谓支柱产业，是指在经济结构中占有较大的比重，需求弹性大，产业关联度高，能对国民经济起到重要的支撑和带动作用的

产业。旅游产业的融合发展突破了传统的产业范围，跨越了不同产业、市场和经营模式，将自然、社会、经济、文化都纳入旅游资源的范畴，有效整合了各种资源，开发创新了旅游产品，开创了"大旅游、大产业"的局面。旅游与第一产业融合，出现了农业旅游、生态旅游、森林旅游、乡村旅游、红色旅游等新型旅游形式。旅游与第二产业融合，出现了工业旅游，一些新的旅游设施、旅游商品的生产也应运而生；旅游与科技、文化、体育、医疗等产业融合，形成了科技旅游、文化旅游、动漫旅游、影视旅游、商务旅游、体育旅游、医疗健康旅游、邮轮游艇旅游等新的旅游业态。在第三产业，通过开发旅游金融、旅游保险、旅游地产、旅游餐饮、旅游购物，既提高了旅游服务的总体水平，也促进了相关产业的发展。正因为旅游业产业关联度高，旅游服务提供部门的增长速度在一定时期也会快于国民经济的总体增长速度，在国民经济中的作用会越来越大。尽管目前我国旅游业发展水平还不高，发展规模还不大，旅游业增加值占国内生产总值的比重还不高，但未来我国旅游业成长空间很大，产业规模将不断扩大，在国民经济中的地位将不断提高，越来越成为国民经济的战略性支柱产业。

2. 旅游业是第三产业的重点引领产业

旅游业以其快速发展的综合性服务业特点，能够成为现代服务业中的重点引领产业。旅游业从其产业属性来看，它属于现代服务业。在现代服务业中，与其他服务业相比，它具有不同的特点，其最大不同就是它是一个综合性的服务业，广泛交叉渗透到其他服务业之中，不仅比传统服务业如餐饮、住宿、商业等链条长，而且比现代服务业如金融、物流、通信等范围广。旅游业作为快速发展的现代服务业，由于其产业的综合性、交叉性和广泛渗透性，影响到许多相关服务业发展。据统计，旅游消费对住宿业的贡献率超过90%，对民航和铁路客运业的贡献率超过80%，对文化娱乐业的贡献率超过50%，对餐饮业和商品零售业的贡献率超过40%。[①] 未来旅游业发展将在现代服务业中占据越来越重要的地位，引导和带动其他众多服务业发展。

3. 旅游业是低碳环保的生态优势产业

旅游是低碳、绿色的无烟工业，是可持续的绿色环保型产业，符合经济可持续发展的要求。我们把旅游业称为"无烟工业"是相对于别的产业来讲，尤其是相对于工业，旅游业资源消耗少，环境成本低，一般不会对资源和环境产生直接的消耗，如2009年我国旅游业的单位GDP能耗仅为制造业的9.1%。通过发展旅游业，可以替代一些污染重、资源消耗大的传统产业，实现对自然资源的永续利用，使人们从过去从事工业的路子转到开发当地有特色的旅游产业道路上来，由过去的对能源的消耗转到对环境的保护上来。这不仅改变了传统的经济增长方式，优化了产业结构，而且也保护了当地的资源和脆弱的生态环境，实现了可持续发展。因此，现代旅游业是应对气候变化、节能环保，构建资源节约型和环境友好型社会的生态优势产业。

（二）发展现代旅游业的重大现实意义

1. 发展旅游业是扩大内需、拉动经济增长的重要支撑

当前，我国消费已经进入新的升级换代阶段，继解决了温饱时期的"吃、穿、用"之后，现在已进入小康阶段的"住、行、

---

① 中国旅游研究院课题组：《大众化发展阶段的旅游业：经济促进、社会贡献与对外影响》，《中国旅游报》2013年12月16日。

游"消费，旅游与住房、汽车一起成为新的三大消费热点，但比住房、汽车具有更加广阔、永无止境、永不满足的消费空间。我国旅游业体现出由小到大、由近到远、由单一到复合、由城市到农村、由国内到国外的特点，带动大众旅游和国民旅游向着多层次、多元化方向发展。温家宝曾指出，旅游消费是综合消费、最终消费、多层次消费和可持续消费。这充分说明旅游消费在扩大内需中起着举足轻重的作用。特别是近几年，在国内消费需求不足的情况下，旅游消费却呈现出旺盛的生机和活力。一是旅游直接消费涉及食、宿、行、游、购、娱等领域，派生消费涉及的领域则更宽。二是旅游资源不同于一般资源，在得到科学开发和必要保护的前提下，不会随着消费的增加而价值衰减，相反会不断提升，这使得旅游消费又不同于其他消费，具有可重复性。三是旅游资源的开发不断深入，旅游市场也日渐成熟。目前，旅游资源开发已形成多层次格局，除观光旅游、度假旅游外，还开发了各具特色的主题旅游，如工业旅游、红色旅游、生态旅游等。这些都为旅游消费者提供了更大的消费选择空间。因此，旅游消费凭借其覆盖面广、受众面大、重复性强、增长潜力大的独特优势，必将成为新的消费增长点和扩大消费的重要引擎，成为我国扩大内需和拉动消费的战略重点之一。

2. 发展旅游业是调整经济结构，转变发展方式的重要抓手

党的十七届五中全会明确提出"十二五"国民经济和社会发展规划的主题是科学发展，主线是加快转变经济发展方式。《国民经济和社会发展第十二个五年规划纲要》指出"坚持把经济结构战略性调整作为加快转变经济发展方式的主攻方向。构建扩大内需长效机制，促进经济增长向依靠消费、投资、出口协调拉动转变"，

"发展战略性新兴产业，加快发展服务业，促进经济增长向依靠第一、第二、第三产业协同带动转变"，"坚持把建设资源节约型、环境友好型社会作为加快转变经济发展方式的重要着力点"。首先，从投资、消费和净出口占国民经济总量的比重来看，投资占比超过40%；消费占比低于50%，其中的居民消费占比约为35%；净出口约占10%，而发达国家的比例结构是消费占比超过70%，投资占比不超过20%。由此看来，我国经济发展方式向消费拉动型转变的空间是非常大的。旅游业作为典型的"消费型产业"，对扩大内需特别是对扩大居民消费方面的作用非常显著。其次，从三次产业的结构比例来看，2010年我国三次产业结构为：第一产业占10%，第二产业占47%，第三产业占43%，而发达国家的服务业比重大多都超过了70%。从"十二五"国民经济和社会发展规划的要求来看，今后一段时期，经济结构战略性调整要取得重大进展，第三产业比重需要不断提高。作为第三产业中关联度高、影响力强的旅游业，更是获得了重大的战略发展机遇，通过加快发展旅游业，将会进一步推动第三产业地位的不断提升，促进我国经济结构的调整。第三，从经济可持续发展来看，旅游产业还是典型的低碳、绿色、环境友好型产业，是天然的可持续发展产业。发展旅游业，资源消耗少，环境成本低，符合节约资源和保护环境的基本国策，有助于降低温室气体排放强度，积极应对全球气候变化，促进经济社会发展与人口资源环境相协调，走可持续发展之路。总之，随着我国转变经济发展方式步伐的加快，旅游业所发挥的促进作用将更加突出。

3. 发展旅游业是促进就业，帮助落后地区脱贫的重大民生工程

在促进就业方面，旅游业是具有明显比较优势的服务业，具有劳动密集型特点，吸纳社会就业的能力比较强。不少旅游就业岗位的门槛较低,对各种层次的劳动力都有很大需求。尤其是旅游交通、旅游餐饮、旅游商品、旅游景区、旅行社和导游等领域,多数就业岗位对学历和年龄要求并不苛求,也适合于相当一部分农村富余劳动力就地转移和城镇下岗职工再就业。世界旅游组织早在1993 年就指出,"全世界范围内,旅游作为一个整体已经成为世界上创造新增就业机会最多的行业。"据测算,旅游从业者每增加 1 人,可增加 5 个相关行业就业机会。2010 年,我国旅游业直接从业人员 1350 万人,加上带动其他就业,旅游业直接与间接就业总人数达 7600 余万人,约占全国就业总数的 9.6%。在扶贫方面,旅游业的一个重要功能就是能够实现财富的转移,实现由相对发达地区富裕人群财富向相对落后地区贫困人群的转移。我国的偏远欠发达地区往往山水瑰丽,民风淳朴,民俗神奇,古迹众多,有着非常独特的旅游资源。通过发展旅游,特别是乡村旅游,这些资源优势转变为经济优势,就能极大地促进当地经济社会发展,改善当地人民的生存生活状况。据统计,2009 年我国乡村旅游收入超过 3000 亿元人民币,受益村(寨)超过 20000 个,直接受益农民超过 2400 万。同样,世界上许多国家把旅游作为推进贫困地区脱贫致富的优势产业的实践,都是非常成功的。

4. 发展旅游业是弘扬民族文化,提升国家软实力的重要手段

一方面,文化是旅游之魂。《中共中央关于深化文化体制改革、推动社会主义文化大发展大繁荣若干重大问题的决定》强调指出的,"要积极发展文化旅游,发挥旅游对文化消费的促进作用"。旅游的本质是对不同文化的向往,是为了满足人们的求知欲和好奇心。旅游的吸引力就在于异质文化的独特性和鲜明特色。旅游需要人们有一定的知识水平和文化鉴赏力,通过旅游可以领略自然风光，欣赏风土人情，增加阅历见闻，提高文化品位。所谓"读万卷书，行万里路"，就是告诉我们要多读书，多游历，在游历中可以接触、学习、传承、张扬我国优秀的民族文化。而近年来如火如荼的红色旅游，在传播社会主义精神文明，弘扬爱国主义和革命传统教育，培养国民树立正确的世界观、人生观、价值观等方面发挥了十分重要的作用。另一方面，现代旅游业是提升国家形象和国家软实力的重要内容。旅游可以使不同国家、不同地区、不同民族、不同文化、不同文明、不同宗教信仰、不同生活方式的人民增进了解、加深理解、促进友谊。旅游首先是人的流动，包括在国内的流动和国际之间的流动。越来越多的国民出国旅游，这既有助于提升国民的国际视野，同时也有利于推动外部世界通过出境旅游者认识中国；越来越多的外国人入境旅游，游历于我国美丽的山山水水，盘桓于我国新兴的城市乡村，切身感受中国传统文化的神韵和经济社会的发展变化，感受这一神奇国度的独特魅力，不断增进世界各国与中国之间的了解。因此，旅游已经成为我国民间外交的重要内容，大力发展旅游业可以推动民族文化走向世界，提高民族文化的国际影响力，提升国家形象和国家软实力。

三、我国旅游业发展的战略目标和总体思路

（一）我国旅游业发展的"两大战略目标"

《国务院关于加快发展旅游业的意见》（国发〔2009〕41号文

件）提出了我国旅游业发展的"两大战略目标"，这就是"把旅游业培育成国民经济的战略性支柱产业和人民群众更加满意的现代服务业"。这就从国家战略的高度，确定了我国旅游业的战略定位和发展方向，既是对我国旅游业发展的产业定位，又是对旅游业发展的品质要求。我国旅游业在国民经济中的地位，被定位于"战略性支柱产业"；我国旅游业在产业发展中的定位，被定位于"现代服务业"；我国旅游业在品质方面的要求被定位于"人民群众更加满意"。因此，"两大战略目标"对我国旅游业的发展确立了很高的目标要求。

把旅游业培育成为国民经济战略性支柱产业，主要体现在：旅游业成为国民经济新的增长点，拉动和带动一大批相关产业发展，在国内生产总值中占有重要比重，成为国民经济的重要支撑，并影响国民经济和社会发展全局，提升国家软实力和国际形象。

把旅游业培育成为人民群众更加满意的现代服务业，主要体现在：旅游业成为新的消费增长点和扩大消费的重要引擎，成为现代服务业发展的引领产业，成为影响人民群众文化品位、精神内涵和文明素质的重要方式，一定程度上影响着大众的生活方式和生活质量。

（二）实现"两大战略目标"的总体思路

实现"两大战略目标"，对中国旅游业发展提出了新的更高的要求。从我国旅游业发展的战略定位出发，今后一个时期我国旅游业发展的总体思路应该是：大旅游、大产业、大战略。就是要树立大旅游的发展理念，把旅游业发展成为国民经济的战略性支柱产业和人民群众更加满意的现代服务业，实施旅游业发展国家战略，分两步推进旅游业发展"两大战略目标"实施，到 2020 年建成世界旅游强国。

1. 树立大旅游的发展理念

传统意义上的旅游业，是就旅游论旅游，把旅游等同于"旅行和游览"，实际上是"观光"的概念。随着旅游业的发展，我们进一步提出了旅游"吃、住、行、游、购、娱"六要素的认识，把旅游看作服务业中的一个重要产业。在我国旅游业发展的新阶段，要破除过去对旅游业认识的狭隘范围，进一步提高对旅游业重要地位和作用的认识。我们需要从经济社会发展的全局的和战略的高度来认识旅游业，树立大旅游的发展理念。所谓大旅游，就是要把旅游业作为关系国民经济发展全局的一个综合性大产业，作为与各个行业和产业密切相关的一个产业集群来看待。以新的思路研究制定发展大旅游的规划，转变旅游业的发展方式和发展模式，建立健全发展大旅游的体制机制，整合全部旅游资源，形成我国大旅游的发展格局。

2. 加快把旅游业发展成为国民经济的综合性大产业

适应旅游产业化、市场化、社会化、国际化的发展趋势，不断扩大旅游产业规模，培育和壮大旅游产业实力，发展旅游相关产业和交叉产业，延长旅游产业链，打造旅游产业集群，形成旅游综合产业体系，把旅游业发展成为我国新的经济增长点和消费增长点，发展成为国民经济的战略性支柱产业。高度重视旅游业在现代服务业中的引领和带动作用，通过发展旅游业引导和带动其他相关服务业发展。要像发展工业一样来重视发展旅游业，像重视住房消费和汽车消费一样来重视旅游消费，把促进旅游消费作为扩大内需、促进经济增长的重要举措，大力发展旅游消费，带动整个社会消费升级换代和加快发展。旅游业是"无烟产业""绿色产业"。要把旅游业发展成为资源消耗低、带动系数大、就业机会多、综合效益好的新兴产业,通过大力发展旅游业推动节能减排,加强生态环境建设,促进经济结构调整和发展方式转变。适应旅游大众化、个性化、多样化的发展趋势,不断开发和创造适合市场需要的丰富多样的旅游产品,加强旅游的现代化管理,建立和完善旅游公共服务体系,努力把旅游业发展成为人民群众更加满意的现代服务业。

3. 实施旅游发展国家战略

要从国家战略的高度,把旅游业发展纳入国家战略体系,研究制定和实施我国旅游发展国家战略,加快旅游业发展立法步伐,形成促进旅游业发展的比较完善的政策体系。充分发挥国家宏观调控和政府的主导作用,动员各地区、各部门和全社会的力量,共同推动中国旅游业加快发展。充分发挥市场配置旅游资源的决定性作用,建立和完善旅游市场体系,充分利用国内、国际两个市场、两种资源,把内需与外需相结合,培育和创造更大的旅游市场需求。要把发展旅游业作为我国实施对外开放战略的重要组成部分,作为民间外交的重要内容,进一步扩大旅游业对外开放,全面提高我国旅游业对外开放水平。大力发展国内旅游市场,积极开拓入境旅游市场,鼓励发展出境旅游市场,促进国内旅游、入境旅游和出境旅游协调发展,形成三大旅游市场相互促进、共同发展的新格局。

4. 分两步实施"两大战略目标",力争到 2020 年进入世界旅游强国行列

第一步,到 2015 年,在推进"两大战略目标"方面取得重要进展,为建设世界旅游强国奠定坚实的基础。国家旅游局制定的《中国旅游业"十二五"发展规划纲要》,提出到 2015 年,旅游业初步建设成为国民经济的战略性支柱产业和人民群众更加满意的现代服务业，在转方式、扩内需、调结构、保增长、促就业、惠民生等战略中发挥更大功能。旅游服务质量明显提高，市场秩序明显好转，可持续发展能力明显增强，奠定更加坚实的旅游强国基础。第二步，到 2020 年我国全面建成小康社会之时，实现"两大战略目标"，真正把旅游业发展成为国民经济的战略性支柱产业和人民群众更加满意的现代服务业，实现建设世界旅游强国的目标。届时，我国旅游产业的规模、质量和效益将基本达到世界旅游强国水平，我国的旅游产业规模有更大发展，基础设施和生态环境得到根本改善，建成一批世界级的核心旅游区，旅游服务质量全面提升，旅游产业的国际市场竞争力显著增强，中国成为全世界最受欢迎的旅游目的地，旅游在整个国民经济和社会发展中发挥更加重要的作用。

四、我国旅游业管理体制的现状和存在问题

（一）国外旅游管理体制的突出特点

目前，世界主要旅游国家都根据各自的政治经济制度、旅游业发展阶段、政府干预经济程度的实际情况，走过了各具特色的旅游管理道路，形成了不同的旅游产业管理体制和制度。但从总体上看，这些国家的旅游管理体制具有以下几个突出特点：

1. 多数国家设立部级旅游管理机构，旅游发达国家一般还设立国家层面的跨部门旅游综合管理协调机构

在 150 个世界旅游组织成员国中，设立直属中央政府领导的部级旅游机构的国家共计 126 个，占世界旅游组织成员国总数的 84%，其中，52 个国家在中央政府中独立设置部级旅游机构，占 41.3%，这其中又有 45 个国家单独设立了正部级旅游机构（包括"金砖四国"中的巴西和印度），占独立设置部级旅游机构国家的 86.5%。① 此外，旅游发达国家一般还设立国家层面的跨部门旅游综合管理协调机构，比如泰国的国家旅游委员会是泰国旅游业最高管理机构，是由国家设立的主管旅游业的部门。泰国政府对旅游业实行高度集中的宏观管理，设立大区办事处集中管理全国各地的旅游经济活动，国家旅游和体育部部长担任委员会主席，民众联络厅长、艺术厅长、法制委员会秘书长、商业注册厅长、警察厅长或他们的代表担任副主席，首都曼谷旅游注册官员担任旅游委员会委员秘书。

2. 始终围绕政府管理和市场发展的实际，采取政府干预和市场机制相结合的模式，强化政府对市场的监管职能

世界主要国家都十分重视旅游产业的综合性、可持续性发展，越来越多的国家将旅游产业的发展上升到战略高度。无论是奉行自由放任旅游发展政策的美国，还是推行政府干预型旅游发展模式的日本，抑或采用官方权威管理模式的泰国，政府干预在本国旅游管理中都发挥着重要作用，并且旅游业发展水平距先进水平的差距越大，政府的干预强度越大。为赶超旅游业发展水平先进的国家，如

---

① 数据系作者通过网站统计所得。

俄罗斯、印度、泰国等后起国家，都采取了政府干预与市场机制相结合的模式，制定行业标准、制定相关法规并负责实施和监督，以有效配置全社会的人力、物力和财力资源，调控好旅游管理中不时出现的失衡现象，确保旅游业快速稳定发展。

3. 国家旅游管理机构一般赋有统筹协调职能，发挥对旅游业发展的宏观调控作用

一是发挥宏观调控的作用。在许多旅游业高度发展但市场经济制度并不完善的国家，政府普遍对旅游产业进行合理的集中统一管理，积极实施旅游宏观调控，从而发挥旅游产业的基础性、综合性作用，实现旅游产业的可持续性发展。二是协调地区之间、政府与旅游组织、旅游企业之间的关系，发挥服务型政府的特点。如美国对各州及地方政府以及各旅游协会等民间力量的协调，甚至提供旅游规划与研究数据和资料，发挥基础服务的功能，通过政府管理、民间主办的形式，形成完善的旅游系统网络。

4. 国家旅游体制改革普遍重视旅游法规建设，完善监管职能，强化旅游执法体系

市场经济是法制经济，因此，旅游业比较发达的国家都有比较完备的旅游法律体系。通过建立一定的绩效评估制度，对旅游管理的参与者实施一定的监管，并使监管渠道多元化，防止旅游管理体制内由于管理松散而导致的推诿扯皮的现象。很多国家都在政府层面设立单独的监管机构，以约束旅游管理机构权力滥用或职责不到位等问题，有的国家虽未单设监管机构，但也赋予了某些机构以监督检查的职能。一些旅游发达国家的旅行社协会等民间旅游组织，既担负着旅游行业管理工作，又有按照章程对旅游企业及从业人员进行监督检查的工作。

（二）我国旅游管理体制的基本情况

目前我国采用国家、省、市、县四级旅游局为旅游业主管部门的行政管理模式。国家旅游局是国务院主管旅游业的直属机构，负责统一管理全国旅游工作。地方旅游局则直属各级地方政府，主要担负国家旅游局职能在各行政单位下的延伸功能，实行属地管理。国家旅游局的主要职能是：研究拟定旅游业发展的方针、政策和规划，研究解决旅游经济运行中的重大问题，组织拟定旅游业的法规、规章及标准并监督实施；协调各项旅游相关政策措施的落实，特别是假日旅游、旅游安全、旅游紧急救援及旅游保险等工作，保证旅游活动的正常运行；研究拟定国际旅游市场开发战略，组织国家旅游整体形象的对外宣传和推广活动，组织指导重要旅游产品的开发工作；培育和完善国内旅游市场，研究拟定发展国内旅游的战略措施并指导实施，监督、检查旅游市场秩序和服务质量，受理旅游者投诉，维护旅游者合法权益；组织旅游资源的普查工作，指导重点旅游区域的规划开发建设，组织旅游统计工作。研究拟定旅游涉外政策，负责旅游对外交流合作，代表国家签订国际旅游协定，制定出境旅游、边境旅游办法并监督实施；指导地方旅游行政机关开展旅游工作等等。

近年来，随着地方旅游业的高速发展，各地根据自身实际，积极探索，勇于创新，不断推进旅游管理体制改革。特别是国发〔2009〕41号文件下发后，31个省区市均高度重视，深入贯彻落实文件精神，形成了推动地方旅游业发展和旅游管理体制改革的强大动力。在31个省区市中，河北省、福建省将旅游业定位为"主导产业"，四川省将旅游业定位为"先导产业"，海南省将旅游业定位为"龙头产业"，上海则将其定位为"现代服务业的重要组成部分"，其余 26 个省区市均将旅游业定位为"支柱产业"。根据对本地旅游业的重新定位，28 个省区市成立了旅游产业发展机构：北京市、广东省成立了旅游产业发展联席会；天津市、江苏省等 9 个省区市成立了旅游发展委员会；上海市、海南省等 17 个省区市成立了旅游工作领导小组。28 个省区市中，山西省、安徽省、江西省、河北省、湖南省、广西壮族自治区、海南省、重庆市、四川省、西藏自治区、甘肃省、新疆维吾尔自治区等 12 个省区市由省长（主席、书记）担任产业发展综合管理协调机构的负责人，另外 16 个省区市则由主管副省长（副主席、副市长）牵头。

各地旅游部门的机构建设也不断得到加强。北京市和海南省将旅游局改为旅游发展委员会，由政府直属机构升级为政府组成部门，天津市、河北省等 28 个省区市旅游局为政府直属行政机构。旅游部门的职能也进一步得到加强。比如北京市旅游委员会的职能明确为：贯彻落实国家关于旅游业方面的法律、法规、规章和政策；起草本市相关地方性法规草案、政府规章草案，并组织实施。拟订旅游业发展政策，编制旅游业发展规划、计划，并组织实施。负责制定本市国内旅游、入境旅游和出境旅游的市场开发战略并组织实施。参与国家旅游整体形象的对外宣传和重大推广活动，组织本市旅游对外宣传和重大推广活动。负责组织本市旅游资源的普查、规划、开发和相关保护工作；指导重点旅游区域、旅游目的地和旅游线路的规划开发；组织发展传统旅游观光；组织促进现代都市旅游、休闲度假、会议奖励、商务会展等高端旅游发展；协调和指导假日旅游、红色旅游和乡村旅游工作；监测旅游产业经济运行，负责旅游统计、分析和行业信息发布工作。承担规范本市旅游市场秩序、监督管理服务质量、维护旅游消费者和经营者合法权益的责任；规范旅游企业和从业人员的经营和服务行为；组织拟订旅游区、旅游设施、旅游服务和旅游产品等方面的标准并组织实施，对实施情况进行监督检查；依法负责旅行社设立和导游人员、出国旅游领队资格等方面的行政许可事项；负责住宿业行业管理。负责组织实施本市旅游公共服务设施建设；负责受理旅游者投诉并督促检查旅游企业的投诉处理工作。承担本市旅游行业安全监管责任，负责旅游行业安全的综合协调和监督管理，组织拟订旅游行业安全生产方面的规范和标准；制定和组织实施旅游重大突发事件应急预案，组织协调应急救援工作。制定并组织实施本市旅游人才规划；指导旅游培训工作；依法实施旅游从业人员的职业资格标准和等级标准等等。

（三）我国旅游管理体制存在的主要问题

1. 旅游资源多头管理，造成职能交叉，政出多门，资源配置效率低

我国旅游资源极其丰富，但这些旅游资源的归口管理却是五花八门。从整体上看，我国旅游资源以风景、文物、文化为主，而这些旅游资源分属园林、文物、文化等部门；从景区景点来说，"风景名胜区""国家森林公园""自然保护区""地质公园""风景水利区"等分别归口建设部、林业部、环保部门、国土资源部、水利部管理，此外，各级"文保单位"属于文化部门，宗教场所隶属宗教部门；而在同一景区内部，建设、文物、林业、水利、卫生、旅游等多个部门往往是齐抓共管，政出多门。之所以形成这种多头管理的旅游行政管理体系，主要是为了加强对各类旅游资源的专业化管

理，避免对旅游资源的过度开发和破坏。但是这种旅游管理体制却破坏了旅游业微观主体自身的完整性以及旅游产业链上不同主体的经济联系，妨碍各微观主体在旅游业产业链上的分工协作，影响了旅游资源配置的效率，旅游业的总体宏观战略也难以落实。

2. 旅游主管部门在旅游市场管理中的责、权、位不相匹配，职能弱化和缺位严重

目前的旅游市场监管比较薄弱，旅游机构间恶性竞争，旅行社及领队、导游等人员服务不规范的问题突出，旅游业服务质量不高，从业人员素质不高的问题也比较严重，这些现象的存在和屡禁不止，恰恰反映出旅游主管理部门在旅游市场管理方面的责、权、位不相匹配。一方面旅游管理部门承担着旅游市场管理的重大责任，需要对旅游市场进行监管和有效治理，切实规范旅游市场秩序，推动旅游市场健康持续发展，但另一方面旅游管理部门的市场监管职能不强，旅游管理部门的地位也相对不高，在不能包揽市场监管全部职能的情况下，又不具备进行有效统筹协调的地位和能力，缺乏应有的行政手段和法律手段，存在"小马拉大车"的问题，从而造成旅游主管部门职能弱化和缺位严重。

3. 旅游法律法规体系不完善，旅游执法队伍建设亟待加强

首先，旅游基本法尚在制订过程中，行政法规效力层级的依据覆盖面较窄，仅有《旅行社条例》《导游人员管理条例》和《中国公民出国旅游管理办法》三部，而部门规章、地方性法规及部分政策性文件等效力层级较低，且各自为政，缺乏统一性和协调性。这种法制建设的现状造成旅游宏观调控缺乏法律依据，严重制约了旅游管理部门依法行政的能力，不利于旅游行政执法权威的树立。其次，虽然旅游行政管理部门已经建立起国家、省、市、县四级质监执法机构体系，形成了具有一定规模的旅游质监执法队伍。但是据统计，目前全国旅游系统执法机构共 751 家，专业执法人员仅有3587 名。而以 2011 年为例，全年共受理和协调查处投诉和违法案件多达 500 万件，人均约 1400 件。[①] 以目前规模的旅游执法队伍显然难以适应旅游执法的需要。最后，我国旅游质监执法机构和队伍建设起步晚、起点低，发展很不平衡。认定其执法主体资格的规范性文件效力层级较低，进而导致其性质、地位不够明确，其执法能力和效力受到极大影响。

4. 旅游公共服务职能不足，紧急救援、应急处置、公共信息、人才队伍建设滞后

旅游公共需求是旅游管理部门存在的客观需要，决定着旅游部门职责的范围，旅游公共需求是随着旅游的消费水平、产业规模和社会功能的不断提升而逐步扩展的。经过多年的努力，我国的旅游公共服务确实取得了不小的成绩，但是按照落实科学发展观和实现"两大战略目标"的要求，旅游公共服务还有不适应和不完善的地方，就整体而言，旅游公共产品供给短缺和旅游公共服务职能不足是较为普遍的问题。这突出表现在：公共卫生防御体系、支撑体系不健全，防御能力不高，风险管理和公共应急体系还不成熟；公共信息服务体系虽然初步建立，但公共信息服务网络仍不完善，公共信息服务内容有待充实，信息发布渠道也需进一步拓宽；在人才队伍建设方面，"旅游管理"的二级学科地位与旅游新业态发展的需要不相适应，人才培养与市场需求脱节，总量不足，结构失衡，尤其是高端人才、新型人才、复合型人才短缺问题进一步加剧。

---

① 国家旅游局网站。

五、我国旅游管理体制改革的建议方案

在我国社会主义市场经济不断走向成熟和完善的过程中，在旅游产业组织不断规范和调整的过程中，要实现旅游业"两大战略目标"，必须不断推进我国旅游管理体制改革，构建既适应旅游业特点、又符合我国实际的旅游管理体制。

（一）旅游管理体制改革的指导思想

我国旅游管理体制改革的指导思想是：以邓小平理论和"三个代表"重要思想为指导，以科学发展为主题，以转变发展方式为主线，按照"把旅游业培育成国民经济战略性支柱产业和人民群众更加满意的现代服务业"的要求，充分发挥市场在资源配置中的决定性作用，正确处理政府、市场和中介机构的关系，着力转变政府职能，不断加强和改进政府对旅游业发展的产业指导、市场监督和宏观调控，切实保障旅游消费者和经营者合法权益，构建有利于旅游业持续健康又好又快发展的体制机制和制度环境。

（二）旅游管理体制改革的基本原则

1. 坚持以人为本，把维护人民群众旅游权益放在第一位

以人为本，把维护和实现最广大人民的根本利益作为旅游管理体制改革的最高宗旨。新的旅游管理体制要贯彻落实科学发展观、树立以人为本的理念，就是尽最大努力保障广大人民群众的旅游权利，提升国民的旅游福祉，让人民群众更大范围、更高程度分享旅游业发展的成果。通过旅游管理体制改革，不断强化旅游公共服务职能，积极推进旅游公共服务体系建设，加强公共信息服务，构建旅游安全保障机制。通过旅游管理体制改革，推进旅游诚信体系建设，推动旅游市场规范有序发展。

2. 坚持立足国情，构建中国特色旅游管理体制

旅游管理体制的演变进程关系到一国旅游服务能力、旅游产业结构和人员就业等多方面的发展。因此必须根据自身国情和发展阶段，甚至考虑国际形势和世界旅游管理的大背景，选择最适合我国国情的管理体制改革方向。也就是说，我们必须构建中国特色旅游管理体制，使政府对于旅游的管理，真正符合我国社会经济、政治和文化等多方面发展的趋势，与之匹配，才能使它们相互促进，不断发展和壮大。地方旅游管理体制改革也应坚持因地制宜，充分结合各地旅游管理的特点和旅游业发展实际，采取灵活多样的方式，不可搞"一刀切"。

3. 坚持公平与效率统一，政府宏观调控与市场机制作用有机结合

不断改善旅游宏观调控，强化旅游管理部门在市场管理中的责任，加强其在法律法规制定、规划发展、公共服务、市场监管等方面的职责，保证公平公正。同时，注重发挥市场配置资源的决定性作用，积极引导各类资本参与旅游市场的培育和建设，促进形成开放有序、规范竞争的市场机制，提高旅游资源配置的效率，提升旅游服务水平和质量，满足人民群众多层次、多样化的旅游需求。

4. 坚持统筹协调，专业管理与宏观行政管理有机结合

目前旅游资源的专业管理与发展旅游统筹安排的要求存在着一定的矛盾。因此，旅游管理体制改革要切实提高旅游行政管理水平，将专业管理与宏观行政管理有机结合起来，探索能够实施统筹协调、提高旅游资源使用效率的管理模式。

（三）旅游管理体制改革的政策建议

1. 树立旅游服务核心理念，正确引导旅游管理体制改革的总体方向

要牢固树立旅游服务三大核心理念："安全至上，绿色出行，便捷舒适"。"安全至上"是基础，旅游安全是旅游业发展的基础和前提。必须树立"以人为本，安全至上"的服务理念，增强旅游从业人员的安全意识和防控意识，提高旅游者的旅游安全防范意识，建立旅游安全预警和应急系统，切实做到饮食安全、住宿安全、交通安全、游览安全、购物安全和休闲娱乐安全。"绿色出行"是保障，绿色旅游是旅游业可持续发展的根本保障。必须树立"保护环境，绿色出行"的服务理念，对旅游业的发展方式进行积极的引导，引导旅游企业采取更加环保的方式进行旅游开发和经营，引导旅游者自觉寻求绿色旅游和对环境友好的旅游服务。"便捷舒适"是目标，使每一位旅游者感到便捷舒适是旅游服务的首要目标。旅游业能够成为人民群众更加满意的现代服务业，必须树立"热情周到，便捷舒适"的服务理念，使旅游者在"食、住、行、游、购、娱"等各个环节都能感到愉悦，感到满意。

2. 加强旅游资源的综合管理，强化旅游管理职能，提升旅游部门对旅游产业发展的宏观调控能力

一是加强旅游管理部门的机构建设，强化旅游部门对旅游业的发展规划、产业政策、服务标准、行政法规的制定实施职能，增强旅游部门对旅游产业发展的宏观调控能力。二是加强国家对各类旅游资源的综合管理，建立统一、明确、高效的旅游管理体制，避免资源分割、职能交叉和多头管理。三是坚持因地制宜的原则，推动地方旅游管理体制改革。当前地方旅游管理体制改革步伐明显加快，出现了多种模式。从实践来看，这些地方性的旅游管理体制改革均取得了积极的效果。因此，地方旅游管理机构的设置要坚持因地制宜的原则，充分结合各地旅游管理的特点和旅游业发展实际，采取灵活多样的方式，进一步推动旅游管理体制改革。

3. 加强旅游部门对旅游市场的监督管理职能，完善旅游部门对旅游安全、信息、人才等公共服务职能

一是建立完善统一的旅游市场协调监管体系。旅游市场监管涉及多个政府部门及有关协会团体，应当明确旅游主管部门为牵头单位，工商、税务、物价、质监、公安、交通、卫生、环保、消费者协会等部门共同参与，建立统一的旅游市场协调监管体系，明确各自职责，强化协作运行机制，不断提高对旅游市场的监督管理能力。二是以强化旅游企业安全主体责任以及完善旅游安全保障法规制度为基础，以社会公共安全保障体系为依托，以旅游安全风险防范为重点，以完善旅游保险体系和旅游应急救援体系为保障，进一步健全旅游安全保障服务体系。三是以制定旅游公共信息标准为基础，完善与相关部门的信息沟通机制，充分利用现代信息技术，整合旅游公共信息资源，扩大旅游公共信息服务的覆盖面，提高服务水平。四是加快旅游公共服务人才培养。重点培养旅游公共管理、旅游信息服务、应急管理等人才，推动将旅游咨询员等专业人才纳入职业技术资格序列，加大对旅游公共服务从业人员的岗前培训和在职培训，并形成制度化。

4.完善旅游法律体系，加强旅游执法体系和执法队伍建设

一方面，要加强旅游法制建设，完善旅游法律体系。要尽快出台旅游基本法，来理顺旅游运行中的各种法律关系和责任，以促进和保障旅游业的健康、持续发展，实现对旅游业的宏观调控，协调旅游业与其他行业的关系。同时加快对包括旅游市场监管、住宿业管理、旅游安全、旅游保护、导游职称评定等方面的专项旅游法律法规研究，以填补旅游专项法规的空白。另一方面，要通过法律授权的形式明确旅游质监执法机构的行政执法职能，确定其行政执法主体资格，明确授予其市场检查权和行政处罚权。同时推进旅游执法机构的建设和发展，突出抓好旅游执法队伍建设，提高执法人员素质和执法水平，切实维护旅游消费者和经营者的合法权益。

（四）国家旅游管理机构的设置方案

十一届全国人大常委会第十二次会议听取和审议了《国务院关于旅游业发展工作情况的报告》，在审议意见中，明确提出"旅游业涉及多部门、多方面，目前的管理体制存在'小马拉大车'的问题，应进一步深化旅游管理体制改革，加快构建旅游业发展综合协调机制。建议国务院成立非常设的旅游协调委员会或者恢复设立国务院旅游协调小组，适时将国家旅游局升格为国家旅游总局，加强对旅游发展规划、旅游市场管理的综合协调"。这一审议意见准确抓住了当前我国旅游管理体制存在的主要矛盾，提供了切实可行的改革思路和方向。由此，结合前面的研究基础，我们认为，国家旅游管理机构的设置应分为以下两个层次：

1.将国家旅游局升格为国家旅游管理总局，并强化其相关职能

第一，从旅游业自身的特点来看，旅游业属于综合性、关联性较强的产业，其管理涉及多个部门，许多工作需要多部门配套联动，综合协调任务比较繁重。目前，国家旅游局是直属国务院的副部级单位，凭借其自身很难对多个部门（其中不乏正部级单位）进行有效的协调。因此，对旅游管理机构进行升格的实质，是国家旅游职能在规划、政策、执法、重大旅游问题解决上的综合协调能力的增强。第二，从实现旅游业"两大战略目标"的要求来看，需要加快推动旅游业与第一、第二、第三产业的融合发展。与第一产业融合发展，主要是发展乡村旅游和红色旅游；与第二产业融合发展，主要是发展旅游装备制造业；与第三产业融合发展，主要是促进旅游产业与文化产业、体育产业、金融业、信息产业等融合发展。在这种融合中，旅游能够影响、带动和促进的关联行业越发庞大。而进一步推动旅游产业与这些相关产业进行融合，带动相关产业发展，无疑需要一个比当前国家旅游局级别更高、职能更强的旅游管理部门。第三，从地方旅游管理机构的设置来看，目前各省、自治区、直辖市都设立了正厅级的旅游管理部门，而部分地区，如北京市、海南省更是将旅游局更名为"旅游发展委员会"，由政府直属机构升级为组成部门。在全国各地不断加强旅游管理部门职能和提高旅游管理部门定位的总体趋势下，中央一级的旅游管理部门仍然保持为副部级管理机构，显然不利于国家旅游宏观调控作用的充分发挥，不利于国家旅游整体发展战略的实施。第四，从加强旅游国际交流角度来看，世界旅游组织的多数成员国都单独或合并设立了正部级的旅游管理机构，建立与这些国家行政级别对等的旅游管理机构，也是增进旅游业国际合作与交流的现实要求。此外，成立国家旅游管理总局，并不增加国务院的组成部门，不会给国务院精简机构、推行大部制改革的工作带来压力。

国家旅游管理总局的职能是：拟定旅游产业发展战略目标、规划和方针政策，起草旅游产业发展相关法律法规草案，依法制定旅游产业相关标准和技术规范；推进旅游管理体制改革，统筹协调旅游相关资源，加强旅游综合管理；负责制定旅游安全保障办法，承担旅游安全综合协调、查处旅游安全重大事故的责任；统筹规划与协调全国旅游资源的开发，指导区域旅游规划的编制和实施；负责旅游应急处置和紧急救援工作，制定旅游应急预案和政策措施，指导实施突发旅游安全事件的预防控制与应急处置，发布旅游安全事件应急处置信息；指导规范旅游行政执法工作，对旅游服务质量和旅游市场秩序进行监管，负责处理旅游活动中出现或涉及的重大问题；建立旅游经济运行信息网络，对旅游产业经济运行进行日常跟踪统计、调查分析，对旅游经济运行状态进行评估和判断，对旅游经济发展趋势进行预测；指导旅游人才队伍建设工作，组织拟定国家旅游人才发展规划，制定旅游专业技术人员资格标准并组织实施；组织国家旅游整体形象的对外宣传和重大推广活动；负责国家旅游资源环境保护工作；推动旅游国际交流与合作等等。

根据国家旅游管理总局职能定位，需要加强其机构建设，在原有内设机构的基础上，围绕旅游管理职能进行补充和完善，初步设想是设立：办公厅、人事司、综合协调司、政策法规司、规划发展司、旅游市场监督管理司、科技教育司、旅游促进与国际合作司、港澳台旅游事务司、旅游应急处置办公室、经济运行监测中心、机关党委、离退休干部局。

2. 国务院成立国家旅游委员会，加强对旅游业的综合协调管理

针对目前政出多门的旅游管理现状致使旅游主管部门行业管理能力弱化的具体情况，迫切需要建立一整套级别高、权威大、职能强的旅游决策和综合协调机构。事实上,在我国旅游管理体制改革的历程中,对于旅游综合协调机构已经进行了有益的探索,比如 1980 年 4 月国务院成立的旅游工作领导小组,由陈慕华任组长,成员由相关部门的负责同志组成;1986 年 3 月成立的国务院旅游协调小组,由国务委员谷牧同志任组长,成员由相关部门的负责同志组成;1988 年 5 月成立的国家旅游事业委员会,由主管副总理吴学谦同志任主任,成员由相关部门的负责同志组成。2000 年,国务院批准成立"全国假日旅游部际协调会议"为假日旅游工作的协调机构,由国家旅游局、国家发展和改革委、商务部、建设部等 18 个部门的负责人组成,在假期旅游协调管理的实践中也取得了积极的效果。目前可以考虑将假日旅游协调机构的职能扩大化,业务常态化,成立国家旅游委员会,由国务院主管领导负责,国务院相关部门负责人组成,共同行使旅游综合协调职能。委员会为常设的议事、协调机构,其办事机构设在国家旅游总局综合协调司,负责日常管理工作。

第 一 章

现代旅游业的性质和基本特征研究

一、现代旅游业的产业性质

第二次世界大战以后，旅游业的迅猛发展和对经济增长的带动作用得到了世界各国的广泛认同。在我国，旅游业作为现代服务业发展龙头的地位和作用已经十分明确，2009 年国务院颁布的《国务院关于加快发展旅游业的意见》（国发〔2009〕41 号）明确提出"要把旅游业培育成为国民经济战略性支柱产业和人民群众更加满意的现代服务业"的战略目标。

产业性质关系到产业发展的基本运行模式和组织形式，关系到产业定位和产业关联，关系到产业政策的制定和实施。因而明确旅游业的产业性质对于旅游业的长远发展具有重要意义。在我国计划经济时期，旅游业被认为是不创造价值的非生产部门，其经济特征一直被忽视。改革开放以来，随着业界对旅游业产业性质认识的深入，我国旅游业才逐步走上健康发展的道路。

（一）现代旅游业是公共品事业与多元服务性产业的统一

首先，现代旅游业是具有公共品属性的事业。作为旅游服务核心的文物古迹、历史遗址、风景名胜区、森林公园、地质公园、自然保护区、宗教寺庙、博物馆、革命纪念地、民俗文化和海岸资源等自然和人文景观是自然和历史、文化赋予的，具有公共性和公益性的公共资源。这类旅游资源的公共性、公益性特点导致缺乏商业利益的驱动，价格之手无法引导利益主体对其实施有效的保护，在市场化、产业化发展的模式中，如果这些资源通过承包、租赁、租借、股份化等方式进行经营，就有可能导致公共资源的过度甚至是掠夺性的利用，从而出现"市场失灵"。因此，对于这类旅游资源的管理与保护属于国家社会公益事业，政府应在其中发挥重要作用，科学地建设管理，合理地开发利用，在制度与机制层面对开发利用旅游资源的利益主体进行有效规范与约束。

其次，现代旅游业是具有多元功能的服务性产业。一方面，一个国家不同区域、不同民族以及不同国家的自然禀赋和人文传统融合形成了特有的文化，现代旅游业就是把这种具有特色的国家、区域、民族文化转变为可以消费的产品，并提供给有旅游需求的消费者的产业；另一方面，旅游服务在满足旅游者对自然人文景观需求的同时，还要满足其对交通、餐饮、娱乐、住宿、购物的需求，还要为旅游者提供汇兑、通信、医疗、保健、商务等多种辅助性的服务。因此，现代旅游业是集食、住、行、游、购、娱等多种服务功能为一体的服务性产业。

现代旅游业在发展过程中需要处理好事业性与产业性之间的平衡，在旅游服务经营中要分清公共性、公益性和商业性的界限，通过非市场化的方式来配置旅游资源，处理好旅游业的发展和自然人文景观、历史遗存的保护之间的关系，避免由于市场在服务提供协调上的失灵，而导致旅游业发展陷入一个低水平均衡的陷阱。

即，在某些情况下，虽然存在一个很好的旅游核心产品，但是由于资源、技术、资本或体制的制约，针对该产品的产业开发却只能处在一个较低的水平上。在这种情况下，可以通过"政府之手"推动旅游业走出陷阱。

（二）现代旅游业是消费性与生产性产业的统一

从消费性和生产性两方面来看，旅游需求与旅游供给之间的相互作用使旅游经济活动中产生了一系列的经济现象和经济关系，形成了现代旅游业。

一方面，现代旅游业提供最终端消费和综合性消费，是在社会总需求特别是居民消费需求中占有十分重要地位的消费性产业。首先，现代旅游业可以为旅游者提供具有同一性（生产和消费同时发生）、时空性（生产和消费在一定的时间空间条件下进行）、无形性、不可分割性和不可储存性的旅游服务，满足旅游者最终端的消费需求；其次，现代旅游业与其他产业相互融合，并形成新的服务主体，可以为消费者提供完整的包含"食、住、行、游、购、娱"的综合性消费服务。

目前，旅游市场的消费者更加趋于成熟和理性，具有更丰富的旅游经历，持有新的价值观、生活方式，对旅游消费更加灵活和独立；游客不再追求简单的到此一游，而是希望通过旅游获得精神上的愉悦和满足。旅游消费随之也从赶场一样赶景点的团队游逐步趋向于自主安排行程的自助游，从质量和层次不高的观光型旅游趋向于有特色、个性化的休闲度假游、专项旅游以及单个旅游景区的"深度"旅游。

另一方面，现代旅游业是提供生产性服务，能够直接满足居民旅游消费需求的产业。首先,现代旅游服务是将自然景观、人文历史遗存进行劳动加工转变为能够创造价值和能够直接满足居民旅游消费需求的过程。旅游服务满足的是人们的精神需求,因而旅游服务是满足人们效用的有用性产品。其次,随着居民收入的提高,居民对于旅游服务的需求也日益增加,旅游服务的提供又受限于资源、劳动力、资本和技术的约束,因而具有稀缺性。再次,现代旅游业服务的生产和消费过程是通过市场交换实现的,因而具有商品性。所以,从现代旅游服务的有用性、稀缺性和商品性上来看,现代旅游业是一个生产性的行业。

对于提供旅游服务的旅游企业而言,目前逐步呈现出专业化的发展趋势。例如,旅行社现在更加分工细致,不同的旅行社开发不同的旅游专线,同一品牌的旅行社也分别开发出不同的主体旅游和专题旅游,旅游服务项目不断拓新,向精细化方向发展。同时,在旅游中介及各旅游相关部门的努力下,旅游业逐步开发出工业旅游、农业旅游、森林旅游、生态旅游等多样化的旅游形式,以满足不同游客的旅游需求。

(三) 现代旅游业是经济属性和社会属性产业的统一

现代旅游业的发展可以带来很可观的经济效应。随着市场经济的发展和人民收入水平的进一步提高,人们对旅游消费的需求将进一步上升,现代旅游业在国民经济中的地位和作用越来越重要。据统计,我国旅游业产值占整个 GDP 的产值比重逐年上升,其中 2009 年旅游业的增加值占 GDP 的比重更是超过了 4%,全年国内旅游人数达 19.02 亿人次,增长 11.1%;国内旅游收入 1.02万亿元,增长 16.4%;旅游总收入 1.29 万亿元,增长 11.3%。旅游业通过拉动内需对经济增长的贡献日益明显，成为国民财富生产的重要组成部分。另一方面，旅游者必须在旅游产品生产地进行消费，节省了商品外贸过程中的运输、仓储、保险等费用，降低了换汇成本；旅游出口不受客源国或地区贸易保护的限制，不受关税影响；旅游业创汇方便，无须产品包装、储运和其他繁杂的进出口手续，等等。种种优势使得现代旅游业逐渐成为增加外汇收入的一个重要手段。

此外，现代旅游业在发展过程中产生的为整个社会共享的社会价值很可观。首先，现代旅游业具有优美景观、良好环境、生物多样性和人文内涵等良好的区域生态环境和人文环境，可以满足居民的休闲娱乐、自然人文审美、文化历史体验和生活体验等精神需求；其次，现代旅游业是综合性消费的劳动密集型服务行业，不仅自身发展迅速，也能很好带动相关产业的发展，从而增加就业岗位，提供更多的就业机会，从而舒缓失业人口众多、就业压力大这一社会问题；再次，旅游文化是创意文化，旅游产业的发展也将直接推动文化创意产业以及其他文化产业的发展；第四，随着社会的发展，旅游者求新、求知、求美的欲望越来越强烈，现代旅游业在保持文化传承、推进文化发展等方面的作用也越来越大；第五，现代旅游业是各国民间交往的重要纽带，也是国家对外开放的窗口行业，国际旅游作为世界和平的使者和工具，已经得到各国政府、国际组织和广大民众的广泛认同，并且在促进沟通交流，增进跨国文化理解，推动世界和平等方面发挥着越来越重要的作用。

二、现代旅游业的基本特征

根据现代旅游业在不同国家和地区发展的实际情况来看，现代旅游业在发展的过程中呈现出以下四个方面的重要特征：

（一）现代旅游业具有重要的战略性特征

现代旅游业在各国国民经济中的战略地位越来越明显，主要表现在：

首先，现代旅游业在国民经济中的比重逐步增大，已经成为推动经济增长的重要力量。从全球角度看，旅游业已成为全球规模最大的产业。目前，旅游经济总量占全球 GDP 的 10% 以上，就业人数占就业总数的 8% 以上，旅游投资占投资总额的 12% 以上。21 世纪以来国际旅游总收入年均增长 6%—7%，远高于世界经济年均 3% 的增长率。旅游业在全球经济社会发展格局中具有不可替代的重要地位和作用。在我国，随着产业结构的优化和高级化，现代旅游业作为重要的现代服务业的一部分，较长期地保持 7% 年均增长率，已经成为国民经济新的经济增长点，带动了相关产业和社会经济的全面发展，成为我国经济发展的支柱性产业之一。随着大众旅游消费时代的来临，旅游业增加值的增速持续高于 GDP 的增速，《2011 中国旅游市场趋势观察研究预测报告》预测：到 2020 年中国将成为世界最大的旅游目的地国家，这十年也将成为中国旅游业发展的"黄金十年"。

同时，我们也应看到，在旅游市场更趋市场化、国际化的今天，要把旅游业培育成国民经济的战略性支柱产业，我国旅游业在总体竞争力、产业集中度、企业集团化运营能力等方面还存在较大的差距。目前，国内旅游业发展的广度和深度都远不能适应经济发展和人民生活水平的需要，我国旅游企业小、散、弱、差的局面还没有根本改变；现有大型企业集团不管是规模、带动力，还是国际竞争力都还明显不足①；中小旅游企业面对激烈的市场竞争表现得经营乏力，有些企业在恶性竞争的市场环境中难以立足；部分地方国有旅游企业的改组改制仍不彻底，不具备完全走向市场的独立生存能力。因此，要在坚持和完善公有制为主体、多种所有制经济共同发展的基本经济制度的前提下，充分利用经济、法律、行政手段，加强旅游市场的宏观调控，推进公平准入，破除体制障碍，形成各种所有制经济平等竞争、相互促进的格局，加强国内旅游业基础设施和服务设施建设，大力推进国有旅游企业改组改制，支持民营和中小旅游企业发展，支持各类企业跨行业、跨地区、跨所有制兼并重组，培育一批具有竞争力的大型旅游企业集团，在旅游环境改善的基础上更好地带动经济发展。

其次，现代旅游业的发展符合产业演进高级化、优化的趋势。世界各国经济发展的普遍规律表明，以服务业为核心的第三次产业的发展不论从比重还是从增长速度上看都会超过第一次和第二次产业。在服务业内部，现代旅游业是现代服务业的重要组成部分，而且与诸多的现代服务业相关联，现代服务业的比重和增长速度也会最终超出传统服务业。

再次，现代旅游业发展状况是衡量一个国家软实力的重要表

---

① 例如，我国近万家旅行社营业额仅相当于美国运通公司（American Express）一家的40%，日本交通公社（JTB）一家的50%。

现。旅游业的发展状况不仅是一个国家经济实力的体现，而且也体现了一个国家软实力的发展水平。因为旅游业承载的是文化交流、融合、理解、文明传承、民族精神认同等，中华文化历史悠久，源远流长，华夏五千年文明，留下了大量的文化遗产，在人类历史上出现过的古老文明中，唯有中华文化历经数千年从未中断，延续至今，这种深厚的文化积淀，形成了我国独具特色的旅游资源。我国的古人类遗址、宫殿陵寝、王府民居、特色城镇、名人故居、村寨城堡、弄堂胡同、宗祠牌坊、石窟园林、亭台楼阁、桥梁水利、书院会馆、战争遗迹、碑塔寺观、壁画岩画、书法雕塑、歌舞音乐等历史文化遗迹比比皆是，极具旅游价值。中华文化不仅包括了辉煌灿烂的物质文化，还包括了丰富厚重的精神文化，这种精神文化体现了中华民族特有的思想观念、价值体系、审美趋向和民族性格，这些精神文化同样对旅游者具有十分强大的感召力。

提升旅游的文化内涵，关键是促进文化与旅游产业的创新融合和互动发展，加强对旅游文化的推介。第一，加强对自然文化遗产的保护和开发利用，加深对文化资源的挖掘，丰富和提升旅游产品的文化内涵。第二，发挥非物质文化遗产资源优势，推出具有地方特色和民族特色的演艺、节庆等文化旅游产品。第三，提高旅游商品的文化创意水平，加深旅游经营服务的人文特质，推动以文化特色带动品牌化经营，积极开发民族民间手工艺品，延伸旅游和文化产业的价值链。第四，打造重点旅游城市文化功能区，营造旅游目的地浓厚的文化氛围。加大村镇旅游文化建设，弘扬传承民族民间特色文化，充分利用博物馆、纪念馆、体育场馆等设施，开展多种形式的文体旅游活动。第五，建设国际文化交流平台，推进旅游和文化联合宣传营销，加强旅游和文化传媒、知名品牌、文化展演、出版宣传等的结合，集中力量塑造中国国家旅游整体形象，提升文化软实力。

（二）现代旅游业具有显著的综合性特征

首先，现代旅游需求具有高层次性和综合性。现代旅游业的规模化发展与旅游消费需求的快速增长有着直接的关系。旅游服务的需求是一个较高层次的需求，这种需求的基本特征是随着国民收入的增加而增加，其增长的速度要快于国民收入的增长速度，只要国民收入和居民福利水平不断提高，旅游消费就会保持旺盛的增长势头。旅游消费的这些独特优势，使它成为拉动经济增长的重要动力，旅游经济也成为世界各国争相发展的产业经济和服务经济。

现代旅游业的综合性表现在，游客消费的是一个综合性的商品，而不是一个单一的商品，旅游业提供的产品和服务不是某一具体物品或某种单项服务，而是由多种服务项目构成的综合体，这些服务项目分别由不同的旅游企业完成，每个旅游企业的生产过程都是整个旅游产品生产过程的一个环节。因此，旅游服务的提供也会受限于旅游服务生产的技术、资本和知识水平的制约。同时，旅游产品既不同于一般的物质产品，也不同于一般的服务产品，它是由一种或多种旅游要素组合而成的综合性产品，通常包括单项旅游产品、组合旅游产品、旅游目的地产品等多种形式。旅游产品多样化既表现为旅游产品的多效用性、多层次性和多选择性，也表现为旅游产品体系的开放性、广泛性和完整性，反映了大众消费时代旅游业发展的产品特征。

其次，现代旅游业的产业关联度高，通过产业融合，延伸了产业链，旅游业的带动性明显增强。旅游产业的融合发展突破了传统的产业范围，跨越了不同的产业、市场和经营模式，将自然、社会、经济、文化都纳入旅游资源的范畴，有效地整合了各种资源，开发创新了旅游产品，催生了旅游新业态，开创了"大旅游、大产业"的局面。旅游与第一产业融合，出现了农业旅游、生态旅游、森林旅游、乡村旅游等新型旅游形式；旅游与第二产业融合，出现了工业旅游，一些新的旅游设施、旅游商品的生产也应运而生；旅游与科技、文化、体育、医疗等产业融合，形成了科技旅游、文化旅游、动漫旅游、影视旅游、商务旅游、体育旅游、医疗健康旅游、邮轮游艇旅游等新的旅游业态；在第三产业，通过开发旅游金融、旅游保险、旅游地产、旅游餐饮、旅游购物等新业态，既提高了旅游服务的总体水平，也促进了相关产业的发展。

现代旅游业是一个后向拉动效应非常强的产业。通过需求的引致作用，旅游服务提供部门的增长速度在一定时期也会快于国民经济的总体增长速度，在国民经济中的作用会越来越大。据统计，旅游消费对住宿业的贡献率超过90%，对民航和铁路客运业的贡献率超过80%，对文化娱乐业的贡献率超过50%，对餐饮业和商品零售业的贡献率超过40%。据世界旅游组织测算，旅游收入每增加1元，可带动相关行业增收4.3元。此外，旅游业活力充沛、适应性强、启动成本低、回暖快，是应对经济危机的有力工具，也得到各国政府的青睐。

（三）现代旅游业具有普遍的民生性特征

现代旅游业的民生性特征体现在就业的创造、欠发达地区的开发、农民增收、扶贫以及提升人民群众的生活质量和健康水平等方面。

首先，现代旅游业是集劳动、资金和知识密集型于一体的现代化集约型产业，与国民经济大部分行业有着直接或间接的关系，在推动产业优化的同时具有对劳动力很强的吸纳能力。一般来说，现代旅游业每增加1个直接就业人员，相关行业将增加5个就业人员。可以说现代旅游业的发展能为社会提供大量的就业岗位，特别是在我国这样的人口大国，劳动力数量大，现今社会还有很多失业人员，大力发展现代旅游业，不仅能促进经济的发展，而且能够很好地舒缓失业人口众多、就业压力大这一社会问题。

其次，旅游开发还可以为一些贫困地区的经济发展、环境改善、社会文化保护等作出突出贡献。旅游开发对于一些具有自然或者人文旅游价值的欠发达地区来讲是一种开发式的扶贫，不但可以为当地居民提供就业岗位，而且也可以为当地带来巨大的商业机会，极大地改善当地的民生。研究表明，在创造就业和收入方面，旅游在那些可选择发展机会非常有限的欠发达地区显得比其他产业更为有效。同时，旅游的发展还可以改善欠发达地区的社会环境，比如交通、教育、医疗设施等。另外，利用欠发达地区丰富的旅游资源发展现代旅游业，吸引发达地区的人们前来旅游和消费，还可以实现部分财富、经验、技术和产业向欠发达地区的转移，增加欠发达地区的"造血功能"。但在旅游开发过程中应防止因开发过度而导致的基础产业受到影响，自然环境受到破坏，进而当地居民的生存受到威胁的情况发生。

再次，现代旅游业的发展必然会成为促进弱势人群（如妇女和残疾人）就业、农村劳动力的转移、农村产业结构调整的重要力量，贫困人口除了直接从现代旅游业中获利以外，还可以通过旅游收入的"渗透作用"获利。

最后，随着社会的发展和进步，精神需求、健康需求已经成为广大人民群众的基本需求，旅游作为一种基本的生活方式，已经不再与"奢侈生活方式"画等号，而成为人们生活方式延伸和生活质量提升的重要标志。随着现代旅游业的不断完善，旅游服务方式的人本化发展，旅游产品的多样化开发，现代旅游业的发展在提升人民群众的生活质量和健康水平方面的作用越来越突出。现今，在现代旅游业迅猛发展进程中，旅游消费正日趋普遍，老百姓的生活中多了一项活动——旅游，在游山玩水过程中，旅游者的身体得到锻炼，健康水平得到提高。现代旅游业的发展，也极大地改变了人们追求生活品质的目标。当前，旅游的概念已经不仅仅局限于参观名胜古迹、增长见识、满足好奇心理，对很多人来说旅游已经成为放松心情、享受生活的一种方式，很多人出门旅游是为了去购物，去看演唱会等，出国游也不再是可望而不可即的事情，逢年过节、"五一"、"十一"，人们早已为出行旅游做好准备，提前预订旅游团，合理安排节假日。而且，旅游现在已经不仅仅是年轻人的"专利"，随着人们观念的变化，老年人也改变了旅游是浪费钱的想法，在很多旅行社中，专门为老年人散心、锻炼身体提供了方便。上述种种，体现了现代旅游业为人民群众带来的生活品质的提高。

《国务院关于加快发展旅游业的意见》中提出"要把旅游业培育成为国民经济的战略性支柱产业和人民群众更加满意的现代服务业"，其中对旅游业提出的让"人民群众更加满意"，就是要求旅游业更好地贯彻以人为本的科学发展观，通过满足全体国民的旅游消费需求，让人民群众更加充分地享受发展成果。现代旅游业作为社会发展阶段的标志性产业，应该担负起促进人民群众全面发展的责任，向旅游者提供人性化的服务。这里所谓"人性化"，就是在提供旅游服务之前，首先应考虑到服务的对象是人，应细心替旅游者设想，让旅游者感到舒适，让旅游者尤其是老、弱、残、障、妇、孺旅游者感到方便，保持尊严，在设计服务流程时要考虑到人性的弱点和差异，要尊重个人的隐私。另外，旅游产品必须面向国内外旅游市场不断变化的需求，既要有满足大众消费的一般观光、文化旅游产品，也要有满足高端和特种消费的度假、商务、康体及专项旅游产品，形成内容丰富、档次多样的旅游产品体系。由于各个国家和地区旅游资源禀赋不同，旅游产品开发的条件也千差万别，因此，构建丰富多样的旅游产品体系必须围绕市场、资源、资本、人才、设施等多种因素，以市场需求为导向，以提高产品竞争力为目标，在突出特色、鼓励创新、完善机制、优化结构上下功夫。总之，要把人文关怀纳入现代旅游业的服务方式之中，提升现代旅游业的整体服务水平。

（四）现代旅游业具有突出的可持续性特征

现代旅游业是绿色环保型、生态型产业，是低碳的无烟工业，符合经济可持续发展的要求。我们把现代旅游业称为"无烟工业"是相对于有的产业来讲，尤其是相对于工业，现代旅游业资源消耗少，碳排放强度小，环境成本低，旅游服务的提供和消费具有低加工、低耗能、低排放、旅游资源可循环持续利用等特点，一般不会对资源和环境产生直接的消耗。如 2009 年我国旅游业的单位 GDP 能耗仅为制造业的 9.1%。特别是在生态脆弱地区可以用旅游业替代部分资源消耗大、污染重的工业，使人们从过去从事工业的路子转到开发当地有特色的旅游产业道路上来，由过去的对能源的消耗转到对环境的保护上来。这不仅改变了传统的经济增长方式，优化了产业结构，而且也保护了当地的资源和脆弱的生态环境，实现了可持续发展。因此，现代旅游业有利于有效应对气候变化，促进节能环保，是构建资源节约型和环境友好型社会的优势产业，其可持续发展的特点使之成为各个国家服务业发展的重点。

21世纪以来，倡导返璞归真、回归大自然的生态旅游、绿色旅游已经成为新的时尚潮流，旅游资源的保护与合理开发利用受到充分重视。在此形势下，我国旅游业既要加快发展，也要积极推进节能、减排和环境保护工作。第一，大力推进旅游节能减排工作。积极推广节能节水减排技术，实施旅游节能节水减排工程，推动旅游企业积极利用新能源、新材料，实行合同能源管理，实施高效照明改造，减少温室气体排放，积极发展循环经济，创建绿色环保企业。第二，处理好旅游资源开发与保护的关系。坚持旅游资源的严格保护、合理开发和永续利用相结合的原则，严格执行旅游项目环境影响评价制度，正确处理好自然景观、人文景观的保护、研究、利用的关系，转变粗放式的资源开发模式，避免盲目开发和过度开发给生态环境造成的破坏，注重旅游的社会效益和生态效益，走可持续发展的道路。第三，加强旅游景区的环境保护。积极开展旅游景区环境承载力的评价工作，合理确定景区游客容量，有效疏导和分流游客流量，避免超负荷旅游给景区环境带来的不利影响，引导和鼓励文明旅游、环保旅游和低碳旅游，减轻旅游活动对旅游区环境的影响，加强水资源保护和水土保持，加大景区环保投入，做好旅游区生态恢复工作。第四，大力开发和推广生态旅游。随着人们生态意识的普遍提高，旅游者也成为旅游环境保护的重要角色，生态旅游强调保护自然环境和重视旅游区人民的利益，越来越得到广大旅游者的响应，成为当今世界旅游发展的新趋势。我国在2008

年颁布了《全国生态旅游发展纲要》，完成了生态旅游示范区标准制定工作，生态旅游已成为我国旅游消费的新热点。

另一方面，要使现代旅游业持续保持快速发展的势头，必须树立大产业、大市场、大旅游的观念，打破行业、地区壁垒，促进现代旅游业与其他产业的融合发展和区域旅游的协调发展。对于我国旅游业而言，由于行业利益保护和地区利益保护的需要，加上区域旅游发展仍不均衡，我国旅游市场的行业壁垒和地区壁垒依然存在，区域间的恶性竞争也有不断加剧的趋势，旅游企业跨行业、跨地区、跨所有制的兼并重组工作还有一定阻力；据不完全统计，我国目前涉及各类旅游资源管理的部门超过 20 个，形成旅游景区资源的"条条"管理，对于跨越不同行政区划面积较大的景区，还存在跨区域的"块块"管理，使得我国旅游景区的资源管理呈现相当复杂的局面；旅游监管相对也较为薄弱，由于旅游监管对象数量众多、分布分散，旅游监管工作长期以来存在着约束差、执法难等问题；此外，我国信用立法、失信惩戒、信息披露的制度和机制还不完善，信用中介组织发育还不成熟，市场很难对失信行为准确作出严厉的惩罚和淘汰。为此，《国务院关于加快发展旅游业的意见》把"深化旅游业改革开放"作为加快旅游业发展的首要任务，因此，当前既是加快发展的大好时期，也是调结构、转变发展方式，建设"两型社会"的重要阶段。对于我国旅游业的发展，政府必须通过体制、机制改革，法制化、制度化、标准化建立等途径，对旅游业进行有效规制，同时，加强对监管的协调，防止多头监管、重复监管，避免出现监管空白和扯皮现象，要合理划分职能，保证旅游市场管理的统一性和权威性，从而实现现代旅游业的可持续发展。

第 二 章

我国旅游业的发展趋势和战略目标研究

准确把握世界及我国旅游业的发展特点和主流趋势，明确定位我国旅游业发展的战略目标和重大措施，对于加快发展我国旅游业，提升旅游业的国际竞争力，实现由旅游大国向旅游强国的迈进，具有十分重要的意义。

一、世界旅游业发展趋势及启示

旅游业早在 20 世纪 90 年代初就已发展成为超过石油工业、汽车工业的世界第一大产业，也是世界经济中持续高速稳定增长的重要战略性、支柱性、综合性产业。当今，在经济全球化和世界经济一体化深入发展的巨大推动下，世界旅游业更是进入了快速发展的黄金时代。2011 年 3 月 3 日世界旅游及旅行理事会发布的《2011—2021 旅游业经济影响报告》认为，尽管目前世界经济增长遇到了很多挑战和不确定因素的影响，但旅游业却一直是增长速度最快的部门之一，而且成为推动经济和就业增长的主要力量。预计未来 10 年里，世界旅游业对全球国内生产总值（GDP）的贡献每年将达到 4.2%，总额为 9.2 万亿美元，并创造 6500 万个就业机会。

（一）世界旅游业发展现状及特点

过去 60 年来，世界旅游业发展一直长盛不衰，其间虽然也有波动，但总体上呈现高速增长态势。推动世界旅游业迅速发展的关键因素有三个：一是各国经济快速增长及与其相关的国民收入稳步提高，使人们有能力支付价格不菲的旅游旅行费用。例如目前在欧洲，一个月收入 4000—6000 欧元的中等收入家庭，可非常容易地到亚洲、非洲旅行。每人每次旅行的平均费用大约为 2000 欧元，比月收入还低。现在欧美有些家庭每年的出境旅游已成为习惯。二是交通运输技术的巨大进步，使长途旅行发生了革命性的变化，大大缩短了国家与国家之间的距离，使"地球村"的理念成为现实。其中特别值得一提的是，宽体喷气式飞机的发明、家用小汽车的普及和高速铁路的广泛运用。三是劳动生产率的大幅度提高和人权、民生状况的不断改善，使人们可以有大量的闲暇时间用于旅游旅行。以发达国家中每周工时最短、一年带薪假期最长的国家法国为例，从 1919 年起每周法定劳动时间为 48 小时，1936 年起减为 40 小时，2000 年起实行每周 35 小时工作制；除了每年法定的节假日，一年带薪假期 1936 年是两周，1956 年增加到 3 周，1968 年 4 周，1981 年起增加到 5 周。也就是说，法国人每年中大约有 5 个月不用工作。北欧其他一些国家也是大同小异。美国人已有 1/3 的休闲时间，2/3 的收入用于休闲，1/3 的土地面积用于休闲。休闲度假已成为现代社会人们的重要生活方式，休闲经济成为经济社会发展的重要经济形态。

纵观 60 年来世界旅游业的发展，呈现以下突出特点和发展态势：

1. 旅游业增长高速、持续、稳定，没有哪一个行业可与之相提并论

有学者研究表明，就全球旅游者数量而言，从 1950 年到 2000 年的 50 年中，基本每隔十年就会翻番，从 1950 年的 2500 万人次增加到 2000 年的 6.7 亿人次；从 2000 到 2010 年的最近十年中，由于旅游者基数不断增加，增速有所放缓，但十年中仍然增加了 2.7 亿人次，到 2010 年达到 9.4 亿人次。就世界旅游业收入增长速度而言，过去 60 年中年平均增长率为 6.9%，也基本是每隔十年左右就会翻番。其中，从 1950 年到 1960 年的第一个十年，年均增长率为 10.6%；依次第二个十年为 9.1%，第三个十年为 5.6%，第四个十年为 4.8%，第五个十年为 4.3%，第六个十年为 6.5%。对比分析可见，世界旅游业收入增速明显高于同期世界经济年均增速（按每十年作为一个周期来测算，通常年均增长率在 3% 以下）。据世界旅游组织公布的数据，截止到 2010 年，国际旅游业经济总量占全球 GDP 的 10% 多，旅游投资占投资总额的 12% 多。国际旅游业在世界经济中的地位和权重可见一斑。

2. 世界旅游市场逐步出现分化，呈现"三足鼎立"新格局

从旅游目的地的区域板块划分来看，长期以来欧洲和北美一直是世界上最受欢迎的两大旅游胜地，是全球旅游市场的"双雄"。但最近十年来，情况却正在发生快速变化。经济全球化和区域经济一体化的进程深刻地影响着世界旅游业的发展轨迹，也打破了原有的旅游市场格局。东亚及太平洋地区经济的崛起，为世界旅游热点向亚太转移创造了经济平台。国际旅游者对于旅游目的地的选择出现多样化，东亚及太平洋地区已经成为第三首选目的地，从而形成欧洲、北美、东亚及太平洋地区"三足鼎立"的新格局。早在

1950 年，东亚及太平洋地区所接待的国际游客量不足 19 万人，到 2000 年接待的游客量达到了 1.12 亿人，2010 年接近 2 亿人，占全球份额约 20%。据预测，到 2020 年，东亚及太平洋地区接待国际旅游人数占全球份额将上升为 27.3%，超过北美（届时为 17.8%），位居世界第二，进一步巩固"三足鼎立"新格局。

如果从国别分布来看，长期以来传统旅游目的地和客源地大国分别是美国、德国、英国、法国、西班牙、意大利和日本，都是西方发达国家。20 世纪 80 年代以前，西方发达国家几乎垄断了国际旅游市场，接待人数和旅游收入都占到世界总量的 90% 左右。而 90 年代以来，则还要加上中国、俄罗斯、印度、巴西、波兰和亚洲"四小龙"等新兴工业化国家和地区。这种局面可以用"多极化"或"百花齐放"来描述。例如在 2010 年，全球 9.4 亿旅游人数当中 47% 来自新兴工业化国家。特别是中国是这一趋势的代表，成为当今全球第三大旅游目的地，2010 年接纳旅游人数 5600 万人。《2015 年全国旅游工作会议工作报告》显示：2014 年入境旅游达到 1.28 亿人次，已成为世界最大的国内旅游市场。但从总体看，发达国家旅游业占全球旅游业主导地位的格局在较长时期内仍难以改变。

目前，世界上的旅游前三强是美国、西班牙和法国。美国是世界上旅游收入最多的国家，旅游收入多年稳居世界第一。旅游业对美国民经济最突出的贡献在于提供了庞大的就业岗位，从事旅游及相关行业的就业人员占到全国就业总数的 1/8。法国则是全世界接待外国游客最多的国家，法国首都巴黎是世界上接待游客最多的城市，同时也继续保持着全球第一大国际会议中心的地位。旅游业成为法国国民经济的支柱产业之一，旅游业占国民生产总值的

6.3% 左右，就业人数占全部就业人数的 4.3%，旅游业平均每年为法国本土创造 90 万个工作岗位，成为第三大创造就业岗位的行业，仅次于服务业和建筑业。虽然法国吸引国外游客全球第一，但在旅游收入方面，则低于美国和西班牙，位居世界第三位。

3. 旅游已基本实现了休闲化、大众化和社会化，成为人们普遍的一种生活方式和基本权利，世界已经进入"旅游时代"

半个多世纪以来，随着科技进步和经济发展，人们的休闲时间与时俱增，恩格尔系数则与时俱减。早在 1995 年，全世界就有 145 个国家实行每周 5 天工作制，其中大多数国家又实行每年 5—52 天不等的在职带薪休假制。有些发达国家甚至打算实行每周工作 4 天、每天工作 5 小时、每周工作 20 小时，并进一步延长带薪休假时间。在发达国家和地区，恩格尔系数已降到 0.2—0.3，人们可自由支配收入大幅度增加。在这种背景下，众多旅游者旅游的目的也从传统的开阔眼界、增长见识，向放松身心、陶冶情操等方向转变，休闲度假旅游成为现代人生活的重要组成部分。从 20 世纪 70 年代末 80 年代初开始，旅游者已不满足传统的观光旅游产品，开始选择具有鲜明地域特色、时代特色和个性特色的休闲度假旅游产品。欧美发达国家是休闲度假旅游的发源地。现在，休闲度假旅游已经成为最重要的市场方向，世界旅游强国基本也都是休闲度假旅游比较发达的国家。其中，海岛、滨海休闲度假是旅游业的第一大支柱，在一些国家和地区成为主要经济收入来源，如在百慕大、巴哈马、开曼群岛，旅游业收入占其国民收入的 50% 以上。像地中海沿岸、加勒比海地区、波罗的海及大西洋沿岸的海滨、海滩，则成为极负盛名的旅游度假胜地。

4. 旅游业与科技教育、文化体育、商务会展等产业的结合越来越紧密，特别是与信息化"珠联璧合"，成为跨领域、跨行业的综合性、战略性产业

一是科技进步和技术创新已成为世界旅游业发展的主要推动力。信息技术、网络技术、交通技术的快速发展，促进了旅游需求多样化、旅游管理信息化、旅游装备科技化。在线旅游预定业务、电子旅游信息、电子签证和电子商务等正在改变旅游业的市场环境，社交网络的广泛应用也在改变旅游业的面貌。有关研究表明，目前全球旅游产品的在线销售额约占总旅游销售额的 15%，未来 5 年，这个比例将上升到 25%。人造主题公园则充分运用现代高科技结晶，如声学、光学、计算机模拟系统等，增加旅游对人的吸引力。二是旅游业与文化体育事业产业的结合成为亮点。文化是旅游产品的灵魂，没有文化的旅游是不存在的。像奥运会、世博会这样重大的文化体育盛会，既可以为主办国带来强劲的旅游客源和旅游收入，也可以传播本国文化、展示文明成果、提升国家形象。三是旅游业直接促进了与其密切相关的酒店业、餐饮业、服务业和百货及奢侈品消费。而且，旅游公司本身也可以成为庞大的商业帝国。如全球最大的旅游企业美国运通公司，资产总额 2000 多亿美元，有遍布全球 130 多个国家 1700 多家营业网点，年收入 360 亿美元。

（二）世界旅游业发展的新趋势

世界旅游业四个方面的发展态势，同时也是未来的发展趋势，在今后一个较长时期依然会继续延续。在此基础上，可以预测，今后 10—20 年内世界旅游业发展还会呈现以下几个新趋势、新特点：

1. 旅游市场进一步细化分化

未来旅游者的旅游目的越来越个性化，旅游机构也越来越重视从更深层次开发人们的旅游消费需求，旅游市场更加细化分化，旅游产品更加丰富多彩。除了传统的观光旅游、度假旅游和商务旅游这三大主导项目和产品外，特殊旅游、专题旅游更有发展潜力，像宗教旅游、探险旅游、考古旅游、修学旅游、蜜月旅游、购物旅游、奖励旅游、民族风俗旅游等，将会形成特色突出的旅游细分化市场。而且，观光、度假、商务三大传统旅游项目也会进一步升级。观光旅游在中低收入国家仍将占据第一主导地位，并逐步普及化、大众化；在高收入国家的市场则会逐步萎缩。度假旅游方面，彰显区域文化特色和以生态、绿色、低碳的自然资源环境为支撑的这两类度假胜地，将成为旅游市场的主流产品。商务旅游方面，则会随着世界经济多极化和经济增长中心、商务热点转移而出现多极化、多元化，欧洲、北美、日本等传统商务旅游重点目的地的地位一时还难以撼动，但也会增加东亚、中东以及新兴经济体等新的商务旅游热点地区。

2. 旅游方式更为灵活多变

旅游方式将会朝个性化、自由化的方向发展，各种新颖独特的旅游方式将应运而生。随着世界各地旅游设施的建立健全，世界性预订服务网络的普及完善，使散客旅游越来越方便。在追求个性化的浪潮下，未来散客旅游特别是中短距离区域内的家庭旅游份额将逐步增加。旅游者在旅游中追求更多的参与性和娱乐性，那些富有情趣活力、具有鲜明特点的旅游场所，那些轻松活泼、丰富多彩、寓游于乐、游娱结合的旅游方式，将受到越来越多旅游者的追捧。民族风情、地方特色、游娱结合将成为未来旅游产品设计开发的重要方向。

3."银发市场"不断扩大

按照联合国现行标准，一个国家 60 岁以上老年人口占总人口的比例超过 10%（或 65 岁以上老年人口占总人口比例超过 7%）即进入老龄化社会。老龄化是全球性问题，在发达国家老年人口占比通常在 20% 以上，在发展中国家的状况稍好但老龄化势头迅猛。在当地社会，老年人是一个有钱、有闲、健康活跃的阶层，对休闲度假和异国古老传统文化比年轻人更感兴趣，必然会是旅游者队伍的一支重要力量。近些年来，欧美等高收入国家出现了老人携儿孙辈一起出游的现象。"银发市场"越来越被各旅游接待国所重视，将来会成为世界旅游业异军突起的一个重要市场。

4.旅游安全日益受到重视

旅游目的地的局部战争、地区冲突、民族冲突、宗教冲突、国际恐怖主义、政局动荡、社会不安定和自然灾害、重大事故、传染性疾病等因素，都会打击旅游者的消费信心，从而对世界旅游业的发展产生不利影响。特别是在美国"9·11"事件之后，旅游安全成为旅游者首先要考虑的问题。在具备闲暇时间和支付能力的条件下，唯一能使旅游者放弃旅游计划的因素就是对安全的顾虑。毫无疑问，未来的旅游安全和旅游目的地的社会稳定和谐，将越来越被旅游机构和旅游者所重视。

5."绿色旅游"成为一个新动向

各国越来越重视旅游业的可持续发展，日益重视对自然资源、人文资源和生态环境的保护，加强旅游目的地的环境建设；同时引导旅游企业和旅游者积极履行社会责任、环境责任，关注和应对全球变暖问题，努力减少旅游活动对自然、人文和生态环境的负面影响。例如，1983 年世界自然保护联盟（IUCN）首先提出"生态旅游"这一术语，把其定义为"具有保护自然环境和维护当地人民生活双重责任的旅游活动"。也有将其定义为"回归大自然旅游"和"绿色旅游"。目前生态旅游发展较好的西方发达国家首推美国、加拿大、澳大利亚等国，它们在生态旅游开发中，避免大兴土木等有损自然景观的做法，旅游交通以步行为主，旅游接待设施小巧玲珑，并与自然融为一体，住宿多为帐篷露营，尽一切可能将旅游对旅游环境的影响降至最低。再如，韩国观光公社近年出台了绿色旅游方案，开发出多种绿色旅游产品。

（三）世界旅游业发展的几点重要启示

现在世界各国和地区更加重视旅游业，旅游业对经济社会发展的促进作用愈益明显。综观多年来世界旅游业发展态势，我们可以获得一些重要启示：

1. 越来越多的国家把发展旅游业上升到国家战略的地位，作为参与国际竞争的重要平台

美国、法国、西班牙等许多发达国家都把发展旅游业作为国家战略，中央政府普遍成立集中统一的旅游事务管理部门或多部门参与的旅游政策协调委员会，各级财政增加导向性投入，改善公共服务设施，开发旅游精品，提高国际旅游竞争力。许多国家元首、政府首脑和政要亲自宣传本国旅游，甚至担任"旅游大使"，把旅游作为参与国际事务的平台或媒介，积极扩大国际影响力。例如，日本实施"观光立国"战略，韩国提出"国民观光职业化"，马来西亚提出"马来西亚，真正的亚洲"国家旅游宣传口号，印度提出"令人难以置信的印度！"口号。特别是 2008 年国际金融危机发生后，西班牙政府通过"旅游促进计划"，决定2008—2020年年均投入15亿欧元，用于促进旅游业发展。墨西哥将"国家旅游发展计划"列为法律，并把2011年定为"旅游年"。旅游业已经成为各国应对经济危机、促进经济复苏、培育新经济增长点的重要手段。

2.旅游业日益与一个国家的人文、社会、历史紧密结合，成为国家"软实力"的重要方面

随着信息化、全球化时代的到来，国家之间的竞争力已经从硬实力的较量，发展到文化形象等软实力的竞争。越来越多的国家认识到，国际旅游是输出国家文化、形象和影响的重要渠道，通过举办国家主题文化年、体育赛事、盛大展会等活动，可以更广泛地吸引国际游客，可增进各层面、各领域的国际交流，扩大本国历史、文化、价值观的输出，有利于传播价值观和提升国家"软实力"。例如，2011年世界旅游组织确定的年度主题是"旅游与各种文化高度耦合"，中国国家旅游局确定的年度主题是"中华文化之旅"。就表明了人们对旅游与人文社会历史紧密结合的认识不断提高。旅游与文化紧密结合的态势，使得像中国、希腊、埃及、印度等具有悠久深厚人文社会历史传统的国家，可以在未来旅游业发展中增添一些国际竞争力。

3.旅游业不仅是经济上具有综合性、基础性和可持续性的支柱产业，也是关乎社会就业、扶贫、环保等的一项重大民生工程

在促进就业方面，世界旅游组织早在1993年就指出："全世界范围内，旅游作为一个整体已经成为世界上创造新增就业机会最多的行业。"目前，全世界旅游就业人数占就业总人数的比重大约为9%。在扶贫方面，世界各地的偏远欠发达地区往往都有着非常独特的旅游资源，如果把这些资源优势转变为经济优势，就能极大地促进当地经济社会发展，改善当地人民的生存生活状况。多数国家把旅游作为推进贫困地区脱贫致富的优势产业的实践，都非常成功。在环境保护方面，旅游是资源节约型、环境友好型产业，通过保护性开发旅游资源，积极发展绿色旅游、生态旅游、文明旅游，可以改善一个国家和地区的生态环境，使之实现可持续发展。

4. 注重相关资源整合，形成"大旅游"的发展格局

欧美一些旅游强国都非常重视旅游相关资源的整合，重视将旅游业与大型文化交流、体育赛事、文物古迹和遗址保护、商品博览交易会等活动结合起来，形成一个大的产业群、产业链。同时，旅游业作为第三产业，本身与交通运输业、酒店业、餐饮业等关系十分密切。"大旅游"的发展，对一个国家的国民经济、社会建设、人的素质的提高都有好处。为此，各国政府普遍加大与旅游业相关的公共投资力度，用于改善道路交通、环保设施、文物保护和开发、旅游教育和科研、景点开发、景区度假区环境和辅助设施建设等方面。同时，各国普遍重视强化旅游商品开发，严厉打击各种侵害游客购物消费权益的不法行为，营造公平透明、友好舒适的旅游购物环境。例如，在欧洲各国、日本等的旅游业收入中，旅游购物就占有相当大的比重。

5. 应当建立集中、统一、权威的国家旅游管理部门，加强对国家旅游事务的统筹协调和综合性管理

各国旅游管理体制的模式存在较大差异，也都处于不断调整完善之中，这与各国国情、政体和历史文化传统有关。到目前，世界旅游组织有 157 个国家会员单位。在可以查到资料的 123 个国家中，单设国家旅游行政主管的国家有 37 个，占 30%；旅游行政管理机构与中央政府（内阁）工业、商贸等经济部门结合或设在这些经济部门之内的国家有 35 个，占 28.4%；旅游行政主管机构与文化部等相结合的国家有 20 个，占 16.3%；旅游行政主管机构与环境部等相结合的国家有 15 个，占 12.2%；旅游行政主管机构与交通运输部相结合的国家有 15 个，占 12.2%。另外，巴基斯坦由国家旅游开发公司管理与经营全国旅游。① 但总体上看，随着当代世界旅游业的快速深入发展，各国旅游管理体制呈现出若干共同或相似的趋势，形成了"政府部际协调决策——行政主管部门——行业组织协调自律——专业机构宣传推广"四个层次的旅游管理体制与运行机制。旅游产业的综合性、关联性、依托性强，在中央政府层面上建立部门间协调配合的机制，有利于强化经济社会文化各部门对旅游业的支持和配合。行政主管部门则按照政企分开、政事分开、政社分开的原则，履行宏观管理职能，集中精力研究制定旅游发展战略、法规政策、发展规划、部门协调和国际联络等产业发展的大政方针。行业组织发挥着十分重要的作用，部分原来由政府行政机构主管的职能转向旅游行业组织、中介机构和非政府组织，如行业服务标准制定推广、饭店星级评定、旅行社等级评定、旅游企业信用认可、游客中心管理、服务质量监督、从业人员培训、市场调研、信息分析和咨询服务等。旅游宣传推广，则由政府主管机构包揽向主管机构与行业组织结合转型，从行政式宣传向专业化、市场化促销转型。例如，越来越多的国家建立政府主导、行业合作、企业参与、专业运作的市场营销的宣传推广机构，比较成功的是日本观光振兴会、韩国观光公社、法兰西之家、美国国家旅游组织、加拿大旅游委员会、新加坡旅游促进局等。

---

① 引自刘文海：《世界旅游业的发展现状、趋势及其启示》，《中国市场》2012 年 7 月 11 日。

二、我国旅游业发展现状及趋势预测

我国经济经历了持续三十多年的高速增长，增加了城乡居民的人均收入。人们在满足最基本的生活需求的同时，追求高品质生活方式是一种必然趋势。外出旅游是提高生活品质的重要方式，被长期压抑的居民旅游需求将伴随着其可支配收入的持续增长得到迅速释放。

（一）我国旅游业发展的阶段性特征

1. 我国旅游业起步较晚，但发展迅猛，在国民经济中的地位和作用日益加强

新中国成立前，我国经济萧条，民生凋敝，旅游业发展基本停滞，旅游产业基本没有形成。新中国成立后到改革开放前的 30 年间，我国旅游业主要局限在为外交和民间往来活动服务的入境旅游，国内旅游基本是一张白纸。1978 年，我国接待入境旅游人数 180 万人，仅占世界的 0.7%，居世界第 41 位；入境旅游收入 2.6 亿美元，仅占全球的 0.038%，居世界第 47 位。1978 年党的十一届三中全会确立改革开放政策，旅游业才算真正起步。邓小平非常重视旅游业，指出"旅游事业大有文章可做，要突出地搞，加快地搞"。三十多年来，随着我国经济持续快速发展和居民收入水平较快提高，我国旅游人数和旅游收入都以年均两位数以上的增速持续发展，已经成国民经济的重要产业，成为继住房、汽车之后增长最快的居民消费领域。据有关资料，2010 年，我国旅游业总收入 1.57

万亿元，对经济的直接贡献相当于 GDP 的 2.5%，加上带动其他产业，旅游业对经济的直接和间接贡献总计相当于 GDP 的 8.6%。旅游业直接从业人员 1350 万人，加上带动其他就业，旅游业直接与间接就业总人数达 7600 余万人，约占全国就业总数的 9.6%。有研究表明，旅游对住宿业贡献率超过 90%，对民航和铁路客运业贡献率超过 80%，对文化娱乐业贡献率超过 50%，对餐饮业和商品零售业贡献率超过 40%，旅游消费对社会消费的贡献超过 10%。目前，我国已经跃居全球第四大入境旅游接待国和亚洲第一大出境旅游客源国。

2. 从旅游的覆盖面来看，大众化特征初见端倪，已经步入"大众旅游消费"时代

大众旅游，顾名思义，是指旅游活动的参加者扩展到普通居民大众。按照国际上的一般看法，当人均 GDP 达到 1000 美元时，旅游需求开始产生；突破 2000 美元，"大众旅游消费"开始形成；达到 3000 美元，旅游需求就会出现爆发式增长。到 2010 年年底，我国人均 GDP 已经超过 4000 美元，全年国内旅游人数达 21 亿人次，城乡居民人均出游率达 1.5 次；入境旅游人数 1.34 亿人次，旅游外汇收入 458 亿美元；出境旅游人数 5739 万人次。我国开放的出境游目的地达到 110 个。这些数据表明，中国已经进入"大众旅游"消费时代。目前，我国城乡普通居民是旅游消费的主体，城镇居民是旅游消费的主力。旅游人员的构成大体分为两大块：一是在城镇，主要包括普通工薪家庭特别是月收入 10000 元以上的中高收入家庭的休闲度假旅游，以及离退休干部的疗养旅游、企事业单位干部职工的奖励性旅游、教师学生假期旅游和各种公务、商务旅游等。需要特别指出，在所有旅游活动中，公费旅游仍占有相当大的份额。二是在农村，主要是一部分先富起来的农民参团或自助外出旅游。如果说30年前发展旅游业是为了国际交往和吸引外国旅游者，那么，如今发展旅游业则更多的是为了扩大内需，提升我国居民的生活水平。

3. 从旅游的消费强度和消费结构看，仍然处于"低消费、低水平"阶段

一是就消费强度而言，2010年我国入境旅游者人均消费约350美元，而目前全球旅游者的人均消费是850美元。即使在亚太地区，像澳大利亚的入境人均旅游已经达到2500美元，差距明显。国内旅游方面，2010年全国人均旅游消费约600元，城镇略高，人均约1000元；农村人均不到400元。总体看，目前我国旅游无论是入境旅游还是国内旅游，都属于低消费，发展空间很大。二是就消费结构而言，目前我国国内旅游消费的结构中食、住、行的比重较大，达七成以上，游览、购物、娱乐占不到三成。也就是说，旅游中物质消费多，精神消费少。一般游客往往乘火车、长途客车等低价位交通工具，住低档旅馆，饮食尽量简单，有的游客自带饮料、食品，整体消费水平低。国际上一些旅游业发达国家和地区如法国、新加坡、中国香港等，旅游消费中游览购物娱乐支出通常占到六成。近年来，世界经济论坛（WEF）的《全球旅游竞争力报告》对世界各国的旅游竞争力每年进行一次排序。据此报告，2009年在全世界133个国家中，中国旅游的综合竞争力仅排在第47位，大体处于中游水平。

4. 从旅游市场的发育程度看，"观光旅游""中短距离旅游"和"散客"仍然是主体

一是就旅游消费方式而言，在传统的观光旅游、休闲度假和商务旅行三大传统项目中，虽然近些年在我国休闲度假旅游发展很快，但到目前，走马观花式的观光旅游仍处于主体地位，活动内容比较单一，享受型、文化型旅游项目比较少，像健身、修学、寻根、考察、探奇、了解风土人情的专项特色旅游就更少了。有人概括为"白天看庙，夜晚睡觉；白天疲劳，夜晚无聊"。与此连带的一个问题是，各旅游景点苦乐不均，一些热点景区在热点时段往往人满为患，游客食住行、停车等相当困难。二是就旅游的地域性和时间期限而言，一般以中短距离旅游为主，远距离旅游相对较少；旅游时间期限较短，一般多为两三天或三五天，"一日游"也占有很大比重，一周以上旅游的比较少。国内旅游热点通常集中在经济较发达、知名度较高、旅游基础设施较完善的地区，如北京、江浙沪、广东等地。而像敦煌、九寨沟、西双版纳、黄果树瀑布等风景点，由于交通不便等因素，相对处于温冷点。三是就旅游的组织化程度而言，旅游者中自我服务的散客多，有组织的团体游较少。有研究表明，在目前我国每年 1.3 亿入境旅游人次中，只有约 15% 的人次是通过旅行社完成的；出境旅游 5000 多万人次中，通过旅行社的约 25%；而问题最大的国内市场，只有不到 6% 的人次，是通过旅行社完成的旅游。旅游的组织化程度偏低，会直接影响旅游及相关产业的总体规模。

（二）我国旅游业发展的有利条件及挑战

在世界经济论坛对 2009 年世界各国的旅游竞争力排序中，虽然中国旅游的综合竞争力排在第 47 位，但有些单项排名却具有明显比较优势，如"旅游资源"（包括自然资源、人文资源、人力资源）排名第 12 位。同样，也有许多指标排名靠后，如"旅游商业环境和基础设施"全球排名第 59 位,"旅游监管架构"(包括政策法规、环境的可持续发展、安全保障、健康和卫生、旅游的优先程度等五项)全球排名第 88 位。当然,这种排序本身的合理性、科学性值得商榷,但大体可以依此判断出我国旅游业发展面临的有利条件和挑战。

当前,我国经济社会的快速全面发展,城乡居民收入的增长,居民闲暇时间的增多,消费观念的转变,加上旅游资源丰富,基础设施的不断改善,这是我国旅游业发展的重要推力,也是我国旅游业大发展的有利条件。具体有三大有利条件:

1. 我国地域辽阔,文化历史悠久,具有其他国家难以匹敌的丰富旅游资源

旅游资源、旅游设施、旅游服务是旅游业赖以生存和发展的三大要素。旅游资源通常包括自然风光、历史古迹、革命遗址、建设成就、民族习俗等,旅游资源构成旅游的吸引力。我国悠久的历史、丰富多彩的民族文化和壮丽的自然景观,构成国际一流的旅游吸引力。特别是文化性资源,始终是我国旅游业在国际上最具比较优势的资源,文化旅游产品也是长盛不衰的产品。对旅游者来说,旅游消费的实质是文化性消费。目前我国拥有的世界自然文化遗产数量已达 35 个,居世界第三位。世界遗产以其全球认可的价值成为全人类的骄傲,其吸引力也是构成跨国旅游的主要动因。

2. 我国经济社会持续快速发展,国民收入水平明显提高,居民闲暇时间大量增加,构成旅游业发展的重要前提和基础

随着社会财富积累越来越多,居民可随意支配的收入不断增多,我国人均消费水平持续增长,居民消费结构和消费方式将发生重大变化,居民消费将由实物消费为主走上实物消费与服务消费并重的轨道，而旅游消费是服务消费的重头和大头。从世界旅游业发展历史看，一个国家年人均GDP超过3000美元，会迎来旅游消费的爆发性增长阶段。闲暇是旅游的第一要件，没有闲暇也就没有旅游。在居民闲暇时间方面，我国假日制度日臻完善，劳动者休假增多，时间安排更自由，易于集中使用。目前的假日格局大体是"2＋2＋7＋40"格局：第一个2是指带薪休假制度和寒暑假制度；第二个2是指春节和"十一"两个黄金周；7是指形成七个三天的小黄金周（元旦、五一、清明、端午、中秋外加三八妇女节和八一建军节）；40是指除了以上假日之后，还有40个双休日。与国际比较，中国人的闲暇时间越来越多，已经达到世界中等偏上的水平。

3. 国际化、信息化和现代化深入发展，为我国旅游业发展注入强大动力

在国际化方面，随着对外开放的深入，我国的国际化程度也越来越高，旅游业可以获得各种更多的发展机会。不但可以把外国人引进来，也可以让中国人走出去。现在中国旅游者的足迹遍布世界各地，增加了中国人民和世界接触的机会，也塑造了中国的大国形象。在信息化方面，随着科技进步和信息化、网络化技术的日新月异，旅游业和信息业的融合日益向深度发展，旅游电子商务普及应用加快，3G等先进技术和移动商务的推广应用，有助于真正实现以人为中心的旅游电子商务应用。也就是说，旅游业可以借助新技术实现新发展。在现代化方面，我国旅游业的基础设施建设虽然与发达国家有明显差距，但也取得很大成就。目前，我国的高速公路跃居到世界第二位，航空、铁路、水运、电力、通信、能源等方面的基础设施也有很大改善，为旅游业发展创造了比较便利的条件。

我们认为，当前和今后一个时期，我国旅游业发展面临三大挑战：

1. 来自城乡居民实际可支配收入能否快速增长，关键是能否形成一个规模庞大的中等收入阶层

旅游的过程实质是一个消费的过程，应当有足够的经济支付能力作为基础。虽然我国的人均 GDP 已经突破 7000 美元大关，但有两个关键性因素制约着城乡居民可支配收入的增加：一是收入分配问题。具体表现为，居民收入在国民收入分配中的比重不高，劳动报酬在初次分配中的比重，社会成员之间、城乡之间、地区之间三个方面收入差距过大，社会财富集中度过高，没有形成"中间大、两头小"的橄榄型收入分配格局，特别是没有形成一个庞大的中等收入阶层。按照国际上一般规律，工薪阶层基本上应当是中等收入基层，但在我国目前除了国有垄断行业职工和少数其他高收入行业外，一般的工薪阶层尤其是规模最大的农民工和农民群体，事实上很难进入严格意义上的中等收入基层，他们的恩格尔系数较高、可支配收入较少。通俗地讲，就是现阶段相当比重的居民家庭其实没钱去旅游。如果不解决收入分配问题，不培育一个占比达到六七成的庞大中等收入基层，实际上是难以真正实现旅游的"大众化"的。在欧洲各国，通常个人月工资的 20% 可以实现国外旅游 5—7 天。相比之下，我们还差得很远。这是未来 10 年内我们面临的最大挑战。二是社会保障问题。我国社会保障体系正处于不断完善之中，制度覆盖面窄，保障水平低，社会化程度低。居民养老、医疗、住房、孩子教育等费用支出的相当部分，由个人来承担。面对未来的不确定性预期，居民有钱也不敢放手消费，造成了我国较高储蓄率。较低的社会保障水平，阻碍了旅游主体的消费能力。总之，只有解决好国民收入分配问题和社会保障问题，才能真正迎来旅游消费的大众化和旅游业的大发展。

2. 来自旅游公共服务是否完善，关键是能否营造一个公开公正、高效安全的旅游体制机制环境

旅游业因其具有促进就业、改善民生和传播文化等方面的功能，故而是具有一定的"公共性"事业内涵的，需要政府提供相应的公共服务来支撑和保障其发展。提供旅游公共服务，既是政府发挥其促进与保障本国旅游业健康、持续发展之功能的体现，也是其使旅游业顺应"以人为本"发展趋势的途径之一。旅游业较发达的国家和地区大多非常重视旅游公共服务的建设，并采取一系列措施，从法律、政策、财力投入等方面予以保障，不断提高旅游公共服务水平和质量。具体包括：一是必须加大公共投入，加强旅游基础设施建设，提供旅游交通服务、信息服务和旅游安全保障等公共服务。这是政府的基本职责。二是必须理顺旅游管理体制，解决旅游业发展"多龙治水"问题，强化旅游行政管理部门对旅游行业的监督管理职能。必须解决由于政府市场监管不力，造成的假冒商品泛滥、从业人员的鱼龙混杂等一系列突出问题。三是必须加强和改善对旅游业的宏观调控。政府要加强对旅游景点的规划和开发，加强对文化旅游产品进行保护和建设，加强对历史文化名城（名镇）、世界遗产和文博类等旅游产品进行恢复重建和开发保护，加强对文物古迹进行抢救和保护。加强旅游人才队伍建设。建立健全旅游应急救援体系等。

3. 来自国民旅游观念和理念的革命性改变，关键是要形成全民参与、享受休闲、绿色消费的旅游文化

中国传统文化源远流长，在这种文化背景中繁衍生息的中华民族，其价值观念、思维方式、生活方式、消费观念等都有其独特性。体现消费方面，我国传统文化崇尚节俭，以节制个人欲望为美德。如朱熹说，"存天理，灭人欲"。几千年来，中国人一直秉持勤俭持家的消费理念，反对任何形式的超前消费和铺张浪费。在对待旅游消费的态度上，我国民众更是谨慎有余而开拓不足。俗语说："平安是福""在家千日好，出门一时难""日出而作，日落而息"。很多人不愿意出门去旅游，安逸在家是基本的生活追求，认为游山玩水是在浪费时间和生命。近些年来，随着我国人民物质生活水平的提高，人们的消费观念也开始向享受型发展，开始讲究生活质量，而旅游往往是享受生活的首选，特别是一些高收入阶层在旅游消费方面的支出明显增加。再加上西方的一些旅游消费理念，如"旅游是生活的一部分""是一种生活方式""是一种生活态度"等对我们也产生了积极影响，使我国民众旅游消费理念有了明显改变。但总体来看，我国旅游业的大繁荣，还有赖于全民旅游消费理念的大变革，在全社会形成一种前所未有的旅游文化，使旅游真正成为人们生活的重要组成部分。

（三）我国旅游业发展趋势预测

从现在到 2020 年，是我国全面建成小康社会的关键时期，同样也是旅游业发展的关键时期。可以预期，未来 10 年内，随着我国经济社会的发展和人民生活水平的进一步提高，公民闲暇时间的增多，带薪假期的普遍实行，旅游条件的改观，国际旅游业发展的推动，我国人民的旅游热情将进一步焕发。可以肯定，未来我国旅游业市场前景广阔，需求潜力很大，发展空间很大。目前，我国刚刚实现每年人均出游 1.5 次的目标，而发达国家如美、日、韩等人均出游均在 7 次以上。据世界旅游组织测算，2015 年中国将成为全球最大的入境旅游接待国和第四大出境旅游客源国。我国旅游业发展的目标是，到 2015 年，国内旅游人数达 33 亿人次，入境过夜游客人数达 9000 万人次，出境旅游人数达 8300 万人次，城乡居民年均出游超过 2 次；旅游业增加值占全国 GDP 的比重提高到 4.5%，旅游消费相当于居民消费总量的 10%，占服务业增加值的比重达到 12%。力争 2020 年我国旅游产业规模、质量、效益基本达到世界旅游强国水平。①

我们预测，未来 10 年内我国旅游业有如下突出趋势：

1. 旅游大众化特征更加明朗，旅游参与人数持续扩大，将成为世界第一大旅游市场

随着城乡居民的收入水平和改善生活质量需求的提高，尤其是随着中等收入阶层规模的不断增加，旅游消费预期会得到极大释放，旅游参与者规模必然迅速扩大。按财政部、发改委等部门有关专家的意见，折算成现价一个三口之家税前年收入在 6 万—20 万元之间，可视为中等收入家庭。我们期望，通过不断深化收入分配制度改革，力争到 2020 年，我国城乡中等收入家庭达到 60% 以上，其中城镇家庭达到 80%，农村家庭达到 40%。另据预测，届时的人口规模为 14.5 亿人。据此匡算，我国中等收入人数约 8.7 亿人，加上高收入人群，总量应该在 10 亿人以上。假定中等收入及以上家庭人均每年出游 3.5 次（欧美发达国家现阶段年人均出游 7 次），则其全年旅游为 35 亿人次。再假定低收入家庭人均每年出游 1 次，则其全年旅游总量为 4.5 亿人次。两项合计，到 2020 年我国国内

---

① 《国务院关于加快发展旅游业的意见》（国发〔2009〕41 号），2009 年 12 月。

旅游及出境旅游总计约每年 32.3 亿人次。再加上入境旅游假定为 3 亿人次（2010 年为 1.34 亿人次），比较保守地预测，我国每年旅游总规模也在 42 亿人次以上，成为世界第一大旅游市场几无悬念。

2. 我国旅游产业的规模不断扩张，在国民经济中的地位日益重要，在国际竞争力方面很可能超越中国制造业

理论界普遍认为，现代旅游产业综合性强、关联度大、产业链长，已经极大地突破了传统旅游业的范围，广泛涉及并交叉渗透到许多相关行业和产业中。据世界旅游组织统计，旅游产业每收入 1 元，可带动相关产业增加 4.3 元收入。旅游产业能够影响、带动和促进与之相关联的 110 个行业发展，其中包括民航、铁路、公路、餐饮、住宿、商业、通信、会展、博览、娱乐、文化、体育等。随着众多新的旅游形态的出现，旅游又扩展到工业、农业、教育、医疗、科技、生态、环境、建筑、海洋等领域，催生出一批富有生命力的新业态。又据日本野村综合研究所的测算，在发达国家，旅游消费支出每增加一个单位，工业产值可扩大 2.71 倍，国民收入扩大 1.36 倍，投资扩大 0.25 倍。另据国外学者研究表明，旅游从业者每增加 1 人，可增加 4.2 个相关行业就业机会。

据世界旅游组织预测，到 2020 年，中国旅游总收入将占全国 GDP 的 8%。我国旅游产业发展规划也提出，到 2020 年旅游业总收入将超过 3.3 万亿元，占 GDP 的 8%，实现由旅游大国到旅游强国的历史性跨越。我国现在是制造业大国，作为世界工厂，处于国际产业分工链的低端末端，缺乏高新技术和自主品牌，以付出资源、环境和劳动力的巨大成本代价，来获取微薄的加工制造费。但是从旅游产业发展的角度看，其间却并没有很大的技术差距，这就意味着中国旅游业可能会超越制造业，直接参与世界先进水平的产业分工和国际竞争。

3. 旅游消费结构升级，消费强度由低水平向高水平快速提高

随着我国城乡居民收入水平的提高，以及旅游基础设施的完善和旅游服务保障水平的提高，旅游消费的结构将会快速升级，从传统的"食、住、行、游、购、娱"向更多方面扩展，从物质消费为主转向物质消费和服务消费并重，从基本需求型向舒适型、享受型过渡，从而满足人们多样化的旅游消费需求。一是从年人均旅游消费支出总额来看，预计每年增长 10% 左右应当没有问题，据此推算，到 2020 年，年人均旅游消费支出总额可从目前的 600 元提高到 1600 元。人们外出旅游将要求吃得好、住得好、乘坐相对舒适交通工具，并会进行一定规模的旅游购物。二是从入境旅游、出境旅游、国内旅游三大消费市场成长性及份额来看，它们都会相应地获得较快发展，但国内旅游市场的成长性最好，逐渐会成为旅游消费市场的主体。国内旅游业的基础设施和服务保障能力会日趋完善，旅行社的数量将增长，饭店业高中低档的比重基本平衡，能够满足日益增长的消费需求。但由于我国旅游者人数庞大，旅游交通紧张、服务跟不上的局面仍将存在，特别是在热点地区表现更为明显。三是从旅游的时空变化来看，空间上人们的旅行路线将由中短途（学术界尚没有公认的划分标准。本书设定：以半径 300 公里以下为短途旅游，300 至 600 公里为中途旅游，600 公里以上为长途旅游）向中长途发展，飞机、高铁等快速交通工具将成为首选；时间上由短期旅游（本书设定：3 天以下为短期旅游，3 至 7 天为中期旅游，7 天以上为长期旅游）向中长期旅游发展。四是从旅游的组织化程度来看，未来团体旅游和自助旅游是同时并存的两个重要方向，但产品多样、收费合理、服务规范、保障有力的团体旅游业务会获得更快、更大的发展空间，因为高品质的旅游必然是省钱、省心、舒适的团体旅游。旅游业发达国家的实践也充分证明了这一点。

4. 旅游市场体系逐步健全，逐步从观光型旅游转向复合型旅游

我国旅游业经过几十年快速发展，正面临一个整体转型问题。到现在为止，旅游市场体系的结构还是比较单一的，就是观光型旅游"一枝独秀"，无论是入境旅游、出境旅游还是国内旅游，观光型旅游都占主体地位。但这种状况正在发生变化，一个复合型的旅游市场体系正在快速形成，这个体系包括观光、休闲、商务旅游三大传统项目，还要加上特色（种）旅游，共四个板块，它们百花齐放、各领风骚。一是未来 10 年，观光旅游仍将会保持第一位的市场份额。大众化旅游的第一步，必然是观光型旅游。二是休闲度假旅游将迅速崛起，成为中等收入以上家庭的首选。尤其是自助休闲旅游将会成为时尚。传统的旅行社服务，给人们留下了吃不好、睡不好、玩不好等负面印象。随着交通越来越便利、私家车越来越普及、酒店预订越来越网络化，自助旅游者也会越来越多。三是商务旅游的分量会越来越重。据统计，我国现有各类商务大军 4000 万人，以每人每年平均出行 3 次计，全国全年的商务旅游人次在 1.2 亿人次左右，今后每年都将以数百万人次的速度在递增。四是特色旅游逐渐兴起。特色旅游包括产业旅游、红色旅游、探险旅游、科学考察旅游、民俗旅游、生态旅游、体育旅游、保健康复旅游、文学旅游、美食旅游等。其中，农业旅游、工业旅游、森林旅游、扶贫旅游等产业旅游比较有前途。农业旅游方面，"农家乐""农业观光采摘"和"乡村旅游"今后依旧会红红火火。工业旅游方面，蒸汽机车游、矿井游、油田游、陶都游、汽车城游等也会有所发展。

5.旅游服务的专业化程度越来越高，旅游市场服务体系日趋完善

目前，我国国内有工商注册的旅行社约2万家，但是从事旅游业务的企业应在5万家以上。它们大体可以分为三类：第一类是正系，主要是正规经营的旅行社；第二类是旁系，包括旅行社网站、俱乐部、票务代理、出境中介商旅服务公司、展览公司等，做的实际上也是旅行社业务；第三类是私人开展的旅行业务，过去是"一间办公室，一部电话，就是一个旅行社"，现在更为简便，只要一台电脑就可以全面开展旅行业务。未来10年内，旅游市场服务格局将会有大的变革，传统的旅行社经营模式会被逐步淘汰，一套新的经营模式会产生。一是旅游服务分工越来越细分。出现越来越多的专业化中介公司，如酒店预订专业化公司、票务预订专业化公司、餐饮预订专业化公司、旅游景点预订专业化服务公司、旅游咨询专业化服务公司等。二是旅游服务的附加服务增加。旅游服务机构为争夺顾客，越来越注重服务的附加作用，如代租车接送服务、附加金融保险服务、餐饮娱乐打折优惠服务等。三是连锁经营将成为旅游服务发展的主流。目前我国酒店预订类的旅游中介公司，业务关联的酒店大多在1000家左右，规模比较小的大多在100至300家左右。今后，随着信息技术的广泛运用，新兴的网络预订公司可以把全国各自为战的酒店、票点、景点通过网络工具比较好地连锁起来，向顾客提供更加广泛的旅游中介服务。连锁经营的规模有望进一步扩大。四是更加重视地区和城市旅游宣传和旅游营销的公共投入。据香港旅游协会资料，每增加1美元的旅游宣传投资，可增加123美元的旅游收入。世界旅游发达国家都十分重视旅游宣传投资。近些年来，我国兴起的以公共投入为主体、以地区和城市为整体对象的旅游宣传和旅游营销，实践证明效果是非常显著的。今后这种趋势仍将加剧，城市和地区的旅游宣传投入会进一步加大。

6. 旅游信息化含量越来越高，传统旅游业的服务模式会产生革命性变革，服务效率大幅提高

旅游业是信息密集型产业，信息是其得以生存和运转的根本基础，贯穿于旅游活动的全过程。随着数字化、网络化、智能化趋势深入发展，信息技术必然会渗透到旅游业的各个环节，得到比在其他领域更加广泛的普及和应用。信息技术可以大大改善旅游资源的开发和管理，扩大旅游信息的传播速度，提高旅游市场服务的效率，是保证旅游业可持续发展的重要力量。目前，互联网已经超过了报纸、杂志、电视等传统媒体，成为旅游信息传播的第一媒体，也是公众获取旅游信息的最重要渠道。未来这种趋势会进一步加强。在美、欧、日等旅游发达国家，约有三成以上旅游消费者通过互联网订购休闲旅游产品，特别是美国在线旅游业务占据了整个美国旅游市场的一半以上。同时，在这些国家的旅行社 80% 以上都加入全球（卫星）定位系统（GPS），而我国约 2 万家旅行社中加入 GPS 系统的寥寥无几。可以说，在信息化、网络化时代的今天，我国旅游业与发达国家旅游业的最大差距即在信息化、数字化方面。但恰恰在旅游信息化方面，我国是完全有可能迎头赶上旅游发达国家的。随着旅游信息化深入发展，一些突出的趋势需要关注：一是旅行社的咨询、票务、营销等传统经营模式面临很大挑战，必须作出相应的调整；二是旅游电子商务会获得突飞猛进的发展；三是旅游业对科技进步特别是信息技术发展的依赖日益增强；四是旅游的国际合作更加便捷，旅游信息化可以促进旅游国际化。

三、我国旅游业发展的战略目标和主要指标

（一）我国旅游业发展的"两大战略目标"

《国务院关于加快发展旅游业的意见》（国发〔2009〕41号文件）提出了我国旅游业发展的"两大战略目标"，这就是"把旅游业培育成国民经济的战略性支柱产业和人民群众更加满意的现代服务业"。这就从国家战略的高度，确定了我国旅游业的战略定位和发展方向，既是对我国旅游业发展的产业定位，又是对旅游业发展的品质要求。我国旅游业在国民经济中的地位，被定位于"战略性支柱产业"；我国旅游业在产业发展中的定位，被定位于"现代服务业"；我国旅游业在品质方面的要求被定位于"人民群众更加满意"。因此，"两大战略目标"对我国旅游业的发展确立了很高的目标要求。

把旅游业培育成为国民经济的战略性支柱产业，主要体现在以下几个方面：

1. 旅游业发展势头好、潜力大，成为国民经济新的增长点

当今世界已经进入大众化和全球化的旅游时代，旅游日益成为人们的基本生活方式和重要经济社会活动，旅游业作为一个"朝阳产业"表现出强劲的发展势头。我国旅游业也进入快速发展的新阶段，体现出由小到大、由近到远、由单一到复合、由城市到农村、由国内到国外的特点，旅游业将成为最具发展潜力和活力的经济增长点，成为推动国民经济发展的重要力量，在世界上占有越来

越重要的地位。

2. 旅游产业规模大，在国内生产总值中所占比重高，成为国民经济的重要支撑

尽管目前我国旅游业发展水平还不高，发展规模还不大，旅游业增加值占国内生产总值的比重还不高，但未来我国旅游业成长空间很大，产业规模将不断扩大，在国民经济中的地位将不断提高，越来越成为国民经济的战略性支柱产业。

3. 旅游产业关联度高，带动系数大，能够拉动一大批相关产业发展

旅游是综合性和联动性最强的产业，涉及几乎所有行业和领域，具有无可限量的发展空间，比如像航天领域，也开始有太空旅游的出现。从一定意义上说，旅游业是创造出来的，旅游消费是创造出来的。例如，美国在世界各地的迪士尼乐园就创造出了一个庞大的旅游市场，创造出无数的消费商机。未来我国旅游业将更多地与其他产业交叉融合发展，形成新的旅游产业形态和新的旅游产业集群，体现旅游业的综合性和带动力。

4. 旅游业影响范围广，关系到国民经济和社会发展全局，关系到国家的形象和国际影响力

旅游首先是人的流动，包括在国内的流动和国际的流动，同时带来商品的流动、资金的流动、科技的流动、信息的流动。因此，旅游体现出不同地区、不同国家、不同社会之间的更广泛的多样化的交流，会影响到经济社会发展的各个领域、各个方面。随着国际旅游的发展，越来越多的国民出国旅游，越来越多的外国人入境旅游，这将极大地增进中国与世界各国之间的了解，旅游将成为我国民间外交的重要内容，成为我国对外开放的重要组成部分。未来我国旅游业的发展，将更大程度地推动我国的经济发展和社会进步，并在弘扬中华文化、增加我国文化软实力和国际影响力方面发挥重要作用。

把旅游业培育成为人民群众更加满意的现代服务业，主要体现在以下几个方面：

1. 旅游业以其快速发展的综合性服务业特点，能够成为现代服务业中的重点引领产业

旅游业从其产业属性来看，它属于现代服务业。在现代服务业中，与其他服务业相比，它具有不同的特点，其最大不同就是它是一个综合性的服务业，广泛交叉渗透到其他服务业之中，不仅比传统服务业如餐饮、住宿、商业等链条长，而且比现代服务业如金融、物流、通信等范围广。旅游业作为快速发展的现代服务业，由于其产业的综合性、交叉性和广泛渗透性，影响到许多相关服务业发展。未来旅游业发展将在现代服务业中占据越来越重要的地位，引导和带动其他众多服务业发展。

2 旅游业将成为新的消费增长点和扩大消费的重要引擎，带动大众旅游和国民旅游向着多层次、多元化方向发展

旅游消费已经成为世界性的快速增长的消费形态，在居民消费中占有越来越重要的位置。旅游消费具有最终消费、多层次消费和可持续消费的特征，覆盖面广，受众面大，重复性强，增长潜力大，成为我国扩大内需和拉动消费的战略重点之一。我国消费已经进入新的升级换代阶段，继解决了温饱时期的"吃、穿、用"之后，现在已进入小康阶段的"住、行、游"消费，旅游与住房、汽车一起成为新的三大消费热点，但比住房、汽车具有更加广阔、永无止境、永不满足的消费空间。旅游业将在促进大众化旅游发展、扩大居民消费方面发挥越来越重要的作用。

3. 旅游将更加安全、诚信、便利、舒适，提供现代化的管理和人性化、个性化的良好服务

旅游业是现代服务业中更多、更全面地为人服务的行业，服务体现在旅游的全过程、多环节和各个方面。人民群众更加满意，就是要求旅游更加安全、诚信、便利、舒适。首先是安全，保证人身的安全和财产的安全，不会发生不安全的事故。其次是诚信，良好的旅游市场秩序和环境，高信誉、高素质的旅行社和服务人员，不会发生欺诈和失信行为。再次是便利，提供便利化的服务，使旅游成为一件非常方便的活动，不会成为一种麻烦和精神负担。还有是舒适，旅游应该成为一种享受、一种快乐、一件非常惬意的事情，而不会需要不断克服困难，"与困难做斗争"。现代旅游业的发展越来越体现出规范化、精细化的管理，针对游客的不同特点，提供更加人性化、个性化的服务，高品质的旅游服务要做到关怀贴心、无微不至的服务，让人们充分享受旅游的乐趣。

4. 旅游将提高文化品位和精神内涵，影响大众的生活方式和生活质量，体现国民的文明素质

文化是旅游之魂。旅游的本质是对不同文化的向往，是为了满足人们的求知欲和好奇心。旅游的吸引力就在于异质文化的独特性和鲜明特色。因此，要在旅游的独特性上做文章，人无我有，人有我奇。旅游需要人们有一定的知识水平和文化鉴赏力，通过旅游可以领略自然风光，欣赏风土人情，增加阅历见闻，提高文化品位。所谓"读万卷书，行万里路"就是要多读书，多游历，自然知识丰富，见多识广。随着经济社会发展，旅游将越来越成为国民的基本需要和生活方式，成为全面建成小康社会的重要标志。发展国民旅游和大众旅游，将提高整个国民的生活质量和文明程度。

（二）实现"两大战略目标"的主要指标

实现"两大战略目标"，把旅游业培育成为国民经济的战略性支柱产业和人民群众更加满意的现代服务业，建设世界旅游强国，需要研究建立基本的衡量标准，制定一些具体指标。

1. 旅游发展速度

这是衡量一个国家或地区旅游发展状况的重要指标，它标志着一个国家或地区旅游的发展活力、发展潜力和发展趋势。过去30年特别是"十一五"时期，我国旅游业发展速度快于同期经济增长速度。未来5—10年内，我国旅游业发展进入高速增长时期，发展速度将会快于国民经济的增长速度，预计旅游业总收入年均增长可保持10%以上的速度。

2. 旅游总规模

衡量一个国家旅游情况的基本指标是旅游总规模，这也是一个国家是否成为世界旅游大国和旅游强国的主要标志。旅游总规模一般用旅游人数来衡量，包括三个指标：国内旅游人数、入境旅游人数和出境旅游人数。最重要的是入境旅游人数，这是衡量一个国家或地区对国（境）外游客吸引力的重要标志，一般为了区别过境旅游，通常用入境过夜旅游者人数来表示。预计到2015年，国内旅游人数将达到33亿人次，年均增长10%；入境过夜游客人数将达到9000万人次，年均增长8%；出境旅游人数将达到8300万人次，年均增长9%。

3. 旅游经济总量

衡量一个国家或地区的旅游经济总量一般用旅游业总收入、

旅游业产值占国内生产总值的比重作为指标。预计到 2015 年，我国旅游业总收入将达到 2.5 万亿元，年均增长将超过 10%，旅游业增加值占全国 GDP 的比重由目前的 4% 提高到 4.5% 以上。

4. 居民出游量

这是衡量一个国家或地区居民旅游情况的指标，用居民人均年出游量来表示。我国正处在旅游大发展时期，出现了居民旅游的热潮，迎来一个大众旅游时代。预计到 2015 年达到 2.3 次，即居民出游率由现在的 150% 提高到 230%。

5. 旅游消费比重

这是衡量一个国家或地区旅游消费在整个居民消费中所占比重的指标。在整个居民消费中，旅游消费已成为一个消费热点和新的增长点，其所占比重将会不断提高，对社会消费的拉动作用越来越明显。中国游客的消费能力越来越受到世界其他国家和地区的称赞和欢迎，把中国游客看作拉动其国内消费的新生力量。预计到 2015 年，旅游消费将占到全国居民消费的 10% 以上。

6. 旅游业占服务业的比重

一般用旅游业增加值占服务业增加值比重来衡量，用以说明旅游业在整个服务业中的地位和分量。旅游业作为现代服务业中的重点引领产业，无论从其增长速度还是发展规模来看，在整个服务业中的地位都会越来越重要。随着旅游业的快速发展，其在服务业中所占比重将越来越大。预计到 2015 年，我国旅游业增加值占服务业增加值的比重将达到 12% 以上。

7. 旅游业就业人数

旅游业的综合性产业优势和发展乘数效应，必将对吸收就业发挥越来越大的作用。旅游业之所以定位于国民经济的战略性支柱产业和人民群众更加满意的现代服务业，一个重要原因就是它可以促进消费，增加就业，带动整个国民经济发展。预计到 2015 年，旅游直接就业人数将达到 1700 万人，平均每年新增就业 70 万人。

8. 旅游外汇收入

旅游作为服务贸易的重要内容，在一个国家或地区的国际收支中占有重要地位。这也是世界上许多国家想方设法吸引国外游客的重要原因。旅游外汇收入与货物贸易收入相比，具有"绿色收入"和"文化收入"的特点，是一种"送上门"来的收入，在国际收支中具有更加积极的正面意义。虽然我国发展国际旅游已不仅仅是为了创汇的需要，更多地具有扩大对外开放、发展民间外交、增加国家文化软实力等丰富的内容，但不可否认旅游外汇收入仍然占有重要的地位。预计到 2015 年，入境游客人数将达到 1.5 亿人次，其中入境过夜旅游人数达 6630 万人次，旅游外汇收入达到 580 亿美元。

总体上看，目前我国已经是世界上的旅游大国，是继美国、西班牙、法国之后的第四大入境旅游接待国、亚洲最大的出境旅游客源国，正在形成世界上最大的国内旅游市场。到 2015 年，中国将成为全球最大的入境旅游接待国和第四大出境旅游客源国。到 2020 年，中国将成为世界上最大的旅游目的地国家，成为世界第一旅游大国。

四、实现"两大战略目标"的总体思路和重要任务

(一)实现"两大战略目标"的总体思路

实现"两大战略目标",对中国旅游业发展提出了新的更高的要求。从我国旅游业发展的战略定位出发,今后一个时期我国旅游业发展的总体思路应该是:大旅游、大产业、大战略。就是要树立大旅游的发展理念,把旅游业发展成为国民经济的战略性支柱产业和人民群众更加满意的现代服务业,实施旅游业发展国家战略,分两步推进旅游业发展"两大战略目标"实施,到 2020 年建成世界旅游强国。

1. 树立大旅游的发展理念

传统意义上的旅游业,是就旅游论旅游,把旅游等同于"旅行和游览",实际上是"观光"的概念。随着旅游业的发展,我们进一步提出了旅游"吃、住、行、游、购、娱"六要素的认识,把旅游看作服务业中的一个重要产业。在我国旅游业发展的新阶段,要破除过去对旅游业认识的狭隘范围,进一步提高对旅游业重要地位和作用的认识。我们需要从经济社会发展全局的和战略的高度来认识旅游业,树立大旅游的发展理念。所谓大旅游,就是要把旅游业作为关系国民经济发展全局的一个综合性大产业,作为与各个行业和产业密切相关的一个产业集群来看待。以新的思路研究制定发展大旅游的规划,转变旅游业的发展方式和发展模式,建立健全发展大旅游的体制机制,整合全部旅游资源,形成我国大旅游的发展

格局。

2. 加快把旅游业发展成为国民经济的综合性大产业

适应旅游产业化、市场化、社会化、国际化的发展趋势，不断扩大旅游产业规模，培育和壮大旅游产业实力，发展旅游相关产业和交叉产业，延长旅游产业链，打造旅游产业集群，形成旅游综合产业体系，把旅游业发展成为我国新的经济增长点和消费增长点，发展成为国民经济的战略性支柱产业。高度重视旅游业在现代服务业中的引领和带动作用，通过发展旅游业引导和带动其他相关服务业发展。要像发展工业一样来重视发展旅游业，像重视住房消费和汽车消费一样来重视旅游消费，把促进旅游消费作为扩大内需、促进经济增长的重要举措，大力发展旅游消费，带动整个社会消费升级换代和加快发展。旅游业是"无烟产业""绿色产业"。要把旅游业发展成为资源消耗低、带动系数大、就业机会多、综合效益好的新兴产业，通过大力发展旅游业推动节能减排，加强生态环境建设，促进经济结构调整和发展方式转变。适应旅游大众化、个性化、多样化的发展趋势，不断开发和创造适合市场需要的丰富多样的旅游产品，加强旅游的现代化管理，建立和完善旅游公共服务体系，努力把旅游业发展成为人民群众更加满意的现代服务业。

3. 实施旅游发展国家战略

要从国家战略的高度，把旅游业发展纳入国家战略体系，研究制定和实施我国旅游发展国家战略，加快旅游业发展立法步伐，形成促进旅游业发展的比较完善的政策体系。充分发挥国家宏观调控和政府的主导作用，动员各地区、各部门和全社会的力量，共同推动中国旅游业加快发展。充分发挥市场配置旅游资源的决定性作用，建立和完善旅游市场体系，充分利用国内、国际两个市场、两种资源，把内需与外需相结合，培育和创造更大的旅游市场需求。要把发展旅游业作为我国实施对外开放战略的重要组成部分，作为民间外交的重要内容，进一步扩大旅游业对外开放，全面提高我国旅游业对外开放水平。大力发展国内旅游市场，积极开拓入境旅游市场，鼓励发展出境旅游市场，促进国内旅游、入境旅游和出境旅游协调发展，形成三大旅游市场相互促进、共同发展的新格局。

4. 分两步实施"两大战略目标"，力争到 2020 年进入世界旅游强国行列

我国旅游业发展前途光明，但任重道远，需要一步一个脚印地推进战略目标的实施。

第一步，到 2016 年，在推进"两大战略目标"方面取得重要进展，为建设世界旅游强国奠定坚实的基础。"十二五"时期，是我国旅游业培育国民经济战略性支柱产业的黄金发展期和建设人民群众更加满意的现代服务业的转型攻坚期，要在旅游改革发展方面取得突破性进展。国家旅游局制定的《中国旅游业"十二五"发展规划纲要》，提出到 2015 年，旅游业初步建设成为国民经济的战略性支柱产业和人民群众更加满意的现代服务业，在转方式、扩内需、调结构、保增长、促就业、惠民生等战略中发挥更大功能。旅游服务质量明显提高，市场秩序明显好转，可持续发展能力明显增强，奠定更加坚实的旅游强国基础。

第二步，到 2020 年我国全面建成小康社会之时，实现"两大战略目标"，真正把旅游业发展成为国民经济的战略性支柱产业和人民群众更加满意的现代服务业，实现建设世界旅游强国的目标。现在，我国是一个世界旅游大国，还不是世界旅游强国，与世界旅游强国相比还有较大的差距。世界旅游组织预测，到 2020 年中国将成为世界最大的旅游目的地国家。届时，我国旅游产业的规模、质量和效益将基本达到世界旅游强国水平，我国的旅游产业规模有更大发展，基础设施和生态环境得到根本改善，建成一批世界级的核心旅游区，旅游服务质量全面提升，旅游产业的国际市场竞争力显著增强，中国成为全世界最受欢迎的旅游目的地，旅游在整个国民经济和社会发展中发挥更加重要的作用。

对于分两步走，到 2020 年进入世界旅游强国行列，我们是充满信心的。我国地域辽阔，人口众多，历史悠久，自然风光丰富多彩，民族文化灿烂辉煌，经济实力已经跃居世界前列，我们具有集中力量办大事的制度优势，完全有条件、有能力在旅游发展方面走在世界前列，建设世界旅游强国，努力在世界上形成具有中国特色、中国气派、体现中国文化精神的旅游新形象。

（二）实现"两大战略目标"的重要任务

把旅游业培育成为国民经济的战略性支柱产业和人民群众更加满意的现代服务业，建设世界旅游强国，要从国家战略的高度统筹加以考虑和谋划，采取一系列重大举措，制定相应的政策措施。

1. 从国家战略的高度支持旅游业加快发展

按照到 2020 年实现"两大战略目标"、建设世界旅游强国的要求，统筹谋划旅游发展的各项工作。到 2020 年全面建成小康社会是国家的总体目标，实施旅游业发展战略要与国家总体发展战略结合起来，为国家发展大局服务。进一步研究确定旅游业发展战略的基本内涵，广泛研究和借鉴国外旅游大国把旅游业作为国家战略的主要思路和做法，深入总结我国各地发展旅游业的成功经验，研究制定建设世界旅游强国的一些重大举措。特别是通过制定《旅游法》，把旅游发展战略上升为国家意志，建立促进旅游发展的制度化法制保障。紧紧围绕未来一个时期国家发展的主题和主线，坚持科学发展，加快转变旅游发展方式，旅游业要走出一条集约、绿色、质量、效益的发展道路。国家要加大对旅游发展的资金投入和政策支持，从财税、金融、产业等各个方面出台支持旅游业发展的政策措施。

2. 改革创新旅游发展体制机制，建立健全大旅游发展格局

作为国民经济战略性支柱产业的大旅游发展，不仅仅是旅游部门一家的事，它广泛涉及许多相关部门，包括发展改革、财政、商务、国土资源、交通、文化，甚至工业、农业、林业、医疗、体育等众多部门，需要这些相关部门共同参与和密切配合。因此，要改革创新旅游体制机制，建立一个由中央领导、地方负责、部门齐抓共管、上下联动的旅游体制改革工作体系。为统筹协调大旅游业的发展，建议设立一个高层次的领导协调机构，成立"国家旅游工作领导小组"，由国务院主管旅游工作的领导同志担任组长，国家发改委、财政部、商务部、国土资源部、文化部、国家旅游局等部门负责人担任副组长，领导小组下设办公室，作为日常工作机构，设在国家旅游局。通过领导体制的统筹协调，进一步整合全部旅游资源，加强规划和管理，形成各种旅游资源分工合作、密切配合、共同促进旅游业发展繁荣的新格局。充分发挥中央和地方两个积极性，积极鼓励和支持地方进行改革创新探索，推进旅游综合改革和专项改革，如北京成立旅游委员会，海南建设国际旅游岛等，形成全国各地各具特色、竞相发展的新局面。

3. 加快旅游重大基础设施建设

中国旅游资源非常丰富，在世界上独树一帜，具有发展旅游的巨大潜力和广阔前景。一些原来不为人知或少为人知的旅游景区现在已发展成为游客众多的重点景区，如湖南的张家界、云南的香格里拉、西藏的雅鲁藏布大峡谷、河南的云台山等，都是改革开放以后开发建设起来的。旅游的发展首先是基础设施建设，解决"行、住、吃、看、购"的问题，然后才是向深度的文化、娱乐、休闲等方向发展。在我国实施扩大内需战略，增加国内消费和投资的情况下，要把旅游基础设施建设作为投资的重要方面。现在，许多地方都在规划建设黄金旅游带、精品旅游区，打造重点旅游目的地。从中央到地方，都要加大对旅游基础设施、公共服务设施的投入力度，加快旅游线路、旅游景区以及相关交通、餐饮、住宿、购物等设施建设。在全国建设一批旅游重点景区、大型旅游项目以及旅游综合服务设施，为我国旅游的大发展大繁荣奠定坚实的基础。

4. 积极开发适合多层次消费需求的旅游产品

我们正在迎来大众旅游和国民旅游时代，要适应旅游发展的大众化、多层次、多元化需要，积极开发千姿百态、丰富多彩的旅游产品。要在进一步巩固观光旅游主体地位的基础上，推动各种专项旅游的快速发展，推出一批旅游新产品，培育一批旅游新业态，形成一批旅游消费热点。针对城市居民双休日的特点，着力开发建设城市周边旅游，形成乡村旅游发展带。适应城乡居民消费的多样化需求，加快发展休闲度假旅游、观光购物旅游、生态旅游、文化旅游、体育健康旅游等多种旅游形态。针对不同群体的需求特点，发展老年旅游、青年旅游、学生旅游、农民旅游等旅游类型。适应旅游发展的新趋势，加快发展商务会展旅游、自助游、汽车自驾游、邮轮游艇旅游、冰雪旅游、滨海海洋旅游、参与式深度游等旅游新形态。从根本上说，旅游产业是一种创意产业，旅游产品是创造出来的，旅游消费也是创造出来的，要通过创造旅游需求刺激和拉动旅游消费发展。

5. 加快发展旅游产业体系

按照发展大旅游的理念，旅游产业体系包括旅游自身产业体系和旅游相关产业体系。首先是加快发展旅游自身产业体系。适应旅游便利化、舒适化的要求，紧紧围绕旅游"吃、住、行、游、购、娱"六要素，大力发展丰富多彩、各具特色的餐饮、住宿、交通、游览、购物、娱乐等旅游产业，针对城乡、国内外不同旅游消费者，满足不同层次的多样化需求。其次是加快发展旅游相关产业体系。积极发展旅游相关产业，探索发展旅游业与其他产业相结合的交叉产业。要在各行各业与旅游的结合上做文章，有多少个行业和产业，就可以发展出多少个旅游产业，如工业旅游、农业旅游、建筑旅游、教育旅游、科技旅游、海洋旅游等等。当前尤其要高度重视发展文化创意产业、体育休闲产业、娱乐业和会展业，促进旅游业与这些产业的融合发展。加快提升旅游产业现代化水平，提高我国旅游产业的国际竞争力。

6. 加快构建中国特色的全方位、多层次的旅游发展格局

我国地域辽阔、历史悠久、文化灿烂、民族众多，旅游资源极其丰富，各地区又各具特色。因此，要突出中国文化特色，统筹规划布局，促进各地方旅游突出重点，发挥优势，体现差异，形成统筹协调、优势互补、各具特色又共同发展的旅游新格局。首先要抓好国家级的旅游线路建设，打造代表国家旅游形象的知名品牌。如北京—西安—上海三大城市中国标志游；山西—陕西—河南—山东中国历史文化游；黄山—庐山—张家界—长江三峡—九寨沟—桂林山水中国山水风光游；江苏—浙江—上海江南风情游；西藏—新疆—内蒙等西部风情游；等等。其次发展各具特色的区域旅游板块。东部地区要面向中高端市场，着力提升环渤海、山东半岛、江浙沪、闽粤桂、海南岛等旅游区的功能，发展海滨、休闲、文化、会展等旅游。进一步规划和建设好粤港澳旅游区、海峡西岸旅游区、长江三角洲旅游区、环渤海旅游区等重点旅游区域。中部地区旅游资源以自然风光和历史文化为主体，加快发展中原文化、荆楚风情、长江黄河等旅游品牌。西部地区有着雄浑壮美的西部风光，还有浓郁的民族风情，要规划和发展好川黔渝旅游区、丝绸之路旅游区、青藏铁路沿线旅游区、澜沧江—湄公河国际旅游区、香格里拉生态旅游区等重点旅游区。东北地区可以发挥冰雪、森林、草原、湿地、温泉等方面的优势，建设具有市场竞争力的冰雪旅游产品、温泉度假产品，建设草原旅游、生态旅游、森林旅游、农业旅游和工业旅游等旅游精品，开发边界河流旅游产品，发展边境旅游，形成具有东北特色的旅游区。构建具有中国特色的旅游发展布局，要实施旅游精品战略，努力打造一批国际知名、市场规模大、海内外竞争力强的旅游景点、景区和线路。同时，构建国家、区域、地方三个不同层次的旅游景区。突出抓好世界自然文化遗产项目的建设和保护工作，继续办好已有的国家级和省级风景名胜区，更多地建设市、县、乡的旅游景点，以满足不同层次的旅游消费需要。

7. 培育和壮大旅游企业实力

旅游企业是旅游市场的主体。实施旅游发展国家战略，建设世界旅游强国，发展旅游综合性大产业，必须增强旅游企业的市场主体地位。要借鉴国际经验，引进先进管理模式，采取有效措施推动大型旅游企业和集团发展。一是实施旅游企业集团化战略。以大型企业为依托，以资源整合为手段，加快推进旅游企业的重组和股份制改造步伐，建设一批具有现代企业制度的跨地区、跨行业、跨所有制的旅游企业集团，有效提升我国旅游企业的国际竞争力，逐步形成由大型旅游企业主导和规范市场的格局。二是实施旅游企业品牌战略。鼓励旅游企业开展区域性、全国性、国际性连锁经营，在竞争中形成具有经营优势和市场信誉的知名企业和品牌。三是实施旅游企业"走出去"战略。建设世界旅游强国，必须拥有强大的旅游国际资本，在国际市场上占有一席之地。要适应全球化的趋势，鼓励有实力的企业到海外开办旅行社和其他旅游经营项目，在实践中培养若干跨国经营的大型旅游集团，获得更大的旅游市场份额。四是实施旅游管理现代化战略。创新旅游企业经营管理理念，引进国外先进管理方式，采用现代信息技术，全面提升经营管理水平，提升旅游企业经营效益和核心竞争力。

8. 加快培养高素质旅游人才队伍

人才是根本。实施旅游发展国家战略，建设世界旅游强国，必须下大力气加快旅游人才队伍建设。推进科教兴旅战略，发展旅游院校教育，加强旅游学科建设，调整优化专业设置，根据市场化、前瞻性的要求，培养和造就一批包括旅游开发、营销、策划、管理和导游等方面的高端人才。加强旅游职业教育，建设一批旅游教育培训基地和旅游人才开发示范基地，加强对在职人员的业务培训，培养一大批适应未来旅游发展需要的旅游人才。开展国际人才交流，适应旅游国际化发展的需要，有针对性地培养旅游国际化人才。完善旅游人才激励机制，加强旅游职业资格考核和管理制度建设，培育旅游人才市场，建设一支高素质的导游队伍。

9. 构建安全、诚信、便捷、规范的旅游市场环境

能否把旅游业建设成为人民群众更加满意的现代服务业，除了旅游的硬件设施之外，旅游的软环境至关重要。针对人民群众最不满意的旅游市场环境，要下更大决心和力气加以整顿治理，采取强有力的措施全面整顿旅游市场秩序，提高旅游服务水平。加快制定旅游服务质量标准，加大违规处罚力度，建立综合治理机制。坚持依法依规办事，完善旅行社和导游管理制度，使旅行社和导游人员严格遵守国家相关法律法规和旅游合同的规定。规范旅行社、导游人员经营服务行为，坚决取缔旅行社低价招揽、零团费、偷工减料、坑蒙拐骗消费者，以及导游人员私拿回扣、强迫游客购物等行为，切实保护消费者和经营者合法权益。要健全旅游投诉机制，提高投诉处理效率。不断完善旅游市场的价格、竞争、信用体系，尤其要加强旅游产品和服务价格监管，实行明码标价，取缔价格欺诈、价格歧视、价格串通等违法行为。同时加强信用道德建设，建立健全旅游企业和从业人员诚信信息库，完善旅游征信体系。对于失信行为，要有严格的惩罚措施。重视和发挥旅游行业协会作用，加强旅游行业的自律管理和自我约束，并严格对行业协会的管理。通过坚持不懈的努力，建设安全、诚信、规范、有序的旅游市场环境，提供便利、舒适、人民群众更加满意的旅游服务。

10. 进一步完善旅游公共政策和服务体系

为促进我国旅游业加快发展，需要制定鼓励旅游业发展的相关优惠政策措施。对旅游企业、旅行社实行税收优惠和信贷支持，扶持中小型旅游企业发展。鼓励社会投资建设旅游休闲度假设施和开发旅游产品，支持乡村旅游发展。为吸引城乡居民旅游消费，有必要采取更多的鼓励消费政策，如降低旅游景区门票价格，减免博物馆、纪念馆、公园等门票。为把旅游业发展成为人民群众更加满意的现代服务业，要始终抓好提升旅游服务质量、优化市场秩序和保障游客安全三项重要任务。按照便利、舒适、诚信、安全的要求，加快旅游公共服务体系建设。完善旅游公共服务设施，如旅游服务中心、游客集散中心等建设。加强旅游公共信息服务平台建设，发展旅游服务网络，完善旅游服务热线，方便居民旅游消费。整顿和规范旅游市场秩序，打击和消除欺诈行为，加强质量监督管理，全面提高旅游诚信和服务水平，不断提高游客的满意度。

11. 全面提高旅游对外开放水平

我国旅游对外开放取得重要进展，目前开放中国公民出境旅游目的地的国家和地区已达 140 个，开放大陆居民赴港澳游、台湾游向深度发展，新马泰、日韩、美国等都成为我国出入境旅游的重点地区。建设世界旅游强国，必须进一步扩大对外开放，全面提高旅游的国际化水平。要在全面发展国内旅游的同时，积极发展入境旅游，有序发展出境旅游，促进入境游与出境游双向交流、共同发展。随着中国旅游的发展，我们应该与更多国家签订双向旅游协议，相互提供旅游便利，逐步实行落地签证和免签证的待遇。积极开发国外游客市场，针对国外客人需求和特点，开发和创造更多有吸引力的旅游产品，吸引国（境）外游客到国内旅游。同时，积极开展我国居民出国游活动，发展旅游配套服务产业，鼓励有条件的旅游企业走出去开拓国际旅游市场。加快培养国际化旅游人才，引进吸收国外的旅游模式和管理经验，提高我国旅游业的国际竞争力。

12. 广泛开展国民旅游休闲行动

随着现代经济社会发展，带来人民生活两方面的重大变化：一方面是城乡居民收入的不断增加，恩格尔系数不断降低；另一方面是国民闲暇时间的不断增加，人们生存所需的时间大幅减少，而发展和享受的时间越来越多。这两方面重大变化的一个直接结果，就是旅游的发展繁荣。旅游越来越成为人们基本的生活方式，成为生活水平和生活质量的重要标志，作为全面建成小康社会的重要内容。我国 1995 年实行双休日制度，促进了旅游消费的发展。实行"五一""十一"长假制度后，带来了"旅游黄金周"现象。现在，实行扩大内需的方针，要进一步启动旅游消费，实施旅游民生工程，发展国民旅游，把旅游作为民生的重要内容，积极创造条件引导、鼓励和支持国民旅游，使旅游成为国民生活品质的重要体现。抓紧研究制定《国民旅游休闲计划》。严格落实带薪休假制度，所有国家机关、企事业单位等都要根据国家规定，落实带薪休假制度，合理安排职工休假时间。实行弹性休假制度，职工的年假可以在一年内灵活安排，错开集中休假时间，发展常年性旅游消费。高度重视"旅游黄金周"的作用，建议恢复"五一"长假，做好一年中几个黄金周的旅游工作，这对扩大消费效果明显，老百姓和社会各方面都有热切期盼。

13. 实施中国旅游形象工程

旅游在很大程度上代表着一个国家和国民的形象。旅游是一个国家的"黄金名片"。中国游客代表着中国的国家形象，提高其文明素质至关重要。中国游客以其广泛的客源和不断增长的消费能力，受到了世界各国的普遍欢迎，但其不文明的行为也为国（境）外所诟病。要通过广泛宣传教育，改变不文明的行为，建议国家旅游局研究制定《中国公民出国（境）旅游行为指南》，以引导中国游客培养良好的文明习惯，入乡随俗，遵守当地的法律法规、道德规范和行为准则，提高国民的文明素质。

第 三 章

主要国家的旅游管理体制比较研究

要找到一条适合我国国情、能够推动我国旅游产业持续健康发展的道路，有必要了解国外主要国家的旅游产业发展进程，探究各国旅游管理的经验。本章以科学发展观为指导，运用制度分析方法，比较研究了国外主要国家的旅游管理体制模式，从旅游管理机构设置、管理内容及管理方式入手，对各个国家的旅游管理体制进行深入剖析，为完善我国旅游业管理体制和政策提供参考依据。

一、主要国家的旅游管理体制概述

旅游产业是战略性产业，资源消耗低、关联系数高、就业吸收强、综合效益好，因此，世界主要国家都把旅游产业作为与工业、金融、房地产并驾齐驱的战略性产业来加以谋划，出台旅游产业发展战略和规划，加强对旅游产业的协调管理，加大对旅游产业的支持力度。

美国是经济强国，也是旅游大国，多年来其旅游收入稳居世界第一位。美国政府认为，美国要保持经济快速发展，一个健康发展的旅游产业不可或缺。长期以来，美国多次把大力发展旅游业上升到国家战略的地位。2008 年 9 月通过《旅游促进法》，设立旅游促进基金，以带动经济增长。2007 年 6 月，日本国土交通省决定将目前负责旅游工作的各个部门进行整合，于 2008 年财政年度设立"观光厅"，以推进日本政府的观光立国政策。法国将 2008 年定位为"法国接待年"，而且定出了 2015 年外国游客接待量突破 1 亿人次的目标。数据显示，2007 年法国接待外国游客近 8200 万人次，保持了世界第一旅游目的地国的地位。历年来，越南政府十分重视旅游事务的宣传保障工作，尤其是在世界旅游产业遭受整体挑战时。目前，旅游产业已被确定为越南的支柱产业之一，其中入境旅游市场是越南旅游的最重要组成部分。

二、三种主要国家的旅游管理体制

目前，世界主要旅游国家都根据各自的政治经济制度、旅游业发展阶段、政府干预经济程度的实际情况，走过了各具特色的旅游管理道路，形成了不同的旅游产业管理体制和制度。具体来看，各国的旅游管理体制可以总结为三种模式，一是以泰国为代表的政府主导发展模式，二是以日本等为代表的混合管理模式，三是以美国为代表的市场主导模式。

（一）以泰国为代表的政府主导管理模式

1996 年国家旅游局访问以色列、土耳其的旅游代表团的总结汇报中第一次出现"政府主导型"，该报告介绍了两个国家发展旅游业的做法和经验，并把这种模式称为"政府主导型"，并对全球实行这类模式的情况做了概述。① 王大悟与魏小安（1998）指出："政府主导型战略，就是按照旅游业自身的特点，在以市场为主配置资源的基础上，充分发挥政府的主导作用，争取旅游业更大的发展。"由此可见，这种模式是通过政府力量的强制性干预，促使一国旅游业实现快速增长。

该模式认为，如果政府长期奉行不干预政策，会导致旅游业在发展过程中出现种种不平衡，而旅游市场没有能力改变这种不尽如人意的现状。为了弥补旅游市场的缺陷，政府有必要对旅游业进行适度干预。这种模式是通过政府的强制性管理力量，克服旅游市场的失效，促使本国旅游业实现快速平稳发展。该模式下，政府在充分运用各种经济杠杆调节旅游市场的同时，加强对旅游业发展的规划与指导，以避免市场经济产生的盲目性。一般会设立直属中央政府领导的部级旅游管理机构，或者是在中央政府中独立设部级旅游机构，如旅游管理局或旅游管理委员会，发挥旅游规划、旅游促销、竞争管理、人才培养等基本职能，并通过制定、修改、补充、解释相关政策法规，达到制止纠正旅游业中各种不正当竞争行为，同时，国家旅游管理部门对地方旅游管理部门有垂直领导的权力。实行这种旅游行业管理模式的国家旅游业发展水平直接取决于政府的组织与决策能力。

1. 泰国

旅游产业已经成为泰国的支柱产业，随着旅游业对于经济的促进作用日益显现，为了弥补泰国旅游产业发展落后于欧美多国的

---

① 邱剑英：《旅游产业体系的深化发展与政府主导型战略的实施——中国旅游业回顾与思考》，《桂林旅游高等专科学校学报》1999 年第 10 期。

现状，泰国政府不断加强对于旅游产业的管理，政府的管理职能也由单一的市场机制逐渐扩展为行业管理。目前，从中央到地方，已经形成了一套集权式的管理体制，其旅游管理体制的完善，吸引了不少游客。

泰国旅游业的最高管理机构是总理府下设的旅游发展委员会，它由内务部、交通部、外交部、国家环境委员会、国家经济和发展委员会、立法委员会的高级官员和泰国航空公司总裁、泰国旅游局局长以及行业工会领袖等人士组成，管理和监督旅游局的工作等。泰国国家旅游局，隶属于体育旅游部，由副总理直接分管，由内阁主要部门组成，其职责包括市场促销、行业管理、投资引导、信息统计、教育培训、行业管理、景点开发、受理游客投诉等。泰国旅游局每年都要制定年度地区旅游计划和发展战略，通过广泛的宣传、引导企业的投资方向和经营方式。泰国的地方旅游机构由泰国旅游局直接设置，派驻人员并提供经费。同时，泰国旅游局对旅行社、饭店等地方旅游企业实行严格的管理，保证了旅游行业的服务质量。① 旅游局下设局长办公室、行政司、曼谷旅游业务及预算会计司、导游注册办公室、美洲地区办公室、市场促销司、日本地区办公室、项目与规划发展司、调研与培训司、规划与投资协调司、市场服务司，同时在国外设有多达 17 个旅游办事处。泰国旅游代理商协会属于非营利性的旅游组织，其主要职责是协调旅游产业的内外关系，并对行业人员进行培训。

泰国旅游管理体制的突出特点是政府对旅游产业实行了集中而有效的宏观管理，由国家设立 9 个大区办事处集中管理全国各地

---

① 郝索：《外国旅游管理体制比较研究及对我国旅游业改制的启示》，《人文杂志》2001 年第 3 期。

的旅游业和旅游经济活动，大区办事处的行政级别相当于司局级，经费由国家拨款。其主要职能是：协调与地方政府的关系，组织地方性的旅游开发项目和大型的旅游活动，制定地方性的市场规则并维护市场秩序等。由于大区办事处的工作直接促进了当地旅游业的发展，增加了地方税收，因此，地方政府总是尽力协助大区办事处的工作，双方利益一致，管理集中而有效。①

泰国旅游管理体制对我国的启示是：政府要加强对于旅游产业的宏观管理，发展旅游产业要做到全面统筹规划，要着力改善旅游产业的管理水平，提高旅游产业的服务质量；对于新开发的旅游景区，不能放弃长远利益，只追求短期效益，要配套有完善的管理机制和管理制度；要做好打击旅游景区的犯罪，预防交通事故等突发事件的工作，改善对自然灾害、疾病等报警机制和医疗设备，完善旅游景区灾后应急措施。

2. 俄罗斯

俄罗斯旅游管理部门全称为"俄罗斯体育、旅游与青年事务部"，成立于 2008 年，隶属于俄罗斯政府，是联邦政府行政机关。该部主要职能为：履行制定和执行国家政策、法律、法规，履行对体育、旅游和青年事务领域的监管职能；协调和监督其下属的联邦机构等，全部总人员编制 380 人。其旅游管理部分的主要职责是统筹协调旅游业发展，制定发展政策、规划和标准，起草相关法律法规草案和规章并监督实施，指导地方旅游工作，从国家层面上推动旅游国际交流与合作。下辖旅游促进与国际合作司、青年政策和社会关系两个司。

---

① 郝索：《外国旅游管理体制比较研究及对我国旅游业改制的启示》，《人文杂志》2001 年第 3 期。

俄罗斯联邦旅游署成立于 2004 年，原直属于俄罗斯政府，2008 年俄罗斯体育、旅游与青年事务部成立后，改为隶属于俄罗斯体育、旅游与青年事务部，人员编制为 85 人。其主要职能为：确定俄罗斯国家旅游优先发展方向；向旅游商、旅行社及在该国（地）的游客提供安全信息；在国内和国际旅游市场进行旅游产品推广促销；分析、监控国内旅游企业的经营情况；在境外设立旅游代表处；组织国际会议、研讨会、论坛和展览。在俄罗斯体育、旅游与青年事务部的指导下，俄罗斯联邦旅游署具体操作并执行俄罗斯旅游的有关政策法规，承担一部分旅游国际交流与合作及国际组织等合作项目。联邦旅游署下设五个局，分别为酒店与旅游机构分析局、政法局、国际合作局、国内旅游与旅游项目规划与发展局、管理局。

俄罗斯旅游业界目前有三个影响较大的协会组织：俄罗斯旅游协会、俄罗斯旅游批发商协会和俄罗斯"无国界世界"旅游协会。2008 年，俄罗斯在圣彼得堡成立了旅游警察分队，其主要职责为接受游客投诉、处理旅游纠纷、维持旅游市场秩序以及发挥行政执法的监管职能等。旅游警察的设置是对游客的礼遇和友善，可以使游客意识到自己随时处于保护之中，也是旅游法制健全的表现。

3. 印度

印度单独设正部级旅游机构——旅游部，是印度旅游产业的最高管理机构，旅游部长兼任文化部长，主要职责是有：制定全国旅游业政策、规划与行业标准，旅游业研究、分析、监督与评估，协调中央政府各机构及各邦、各区及私营部门，引导私人投资，加强旅游宣传推广，推动基础设施建设及产品开发，开展人力资源培训以及实施对外援助和国际合作等。其下辖机构主要有：印度旅游开发公司（ITDC），印度旅游、旅行管理学院（IITTM），国家水上运动协会（NIWS），全国酒店管理与餐饮技术理事会及酒店管理学院等。印度各邦和各辖区也设有旅游局，对于地方的旅游管理有较大的自主权。

印度旅游行业协会众多，几乎涉及旅游产业链上的各个环节；社会影响大，与官、商、学术各界保持密切合作关系；善于攻关和策划，大多数协会在日常活动中商业与学术并举，体现出较强的专业性。印度联邦和地方政府旅游行业主管部门也都非常看重这些行业协会，在决策、施政、组织大型活动等方面均需要这些行业协会的支持与配合。印度旅游业行业协会主要有：印度旅行代理商协会（TAAI）、印度旅行批发商协会（IATO）、印度酒店与餐馆协会联合会（FHRAI）、印度酒店协会（HAI）、印度游乐园和娱乐业协会（IAAPI）、印度旅行代理商联合会（TAFI）、印度国内旅行批发商协会（ADTOI）、印度探险旅行批发商协会（ATOAI）、全印度度假区开发协会（AIRDA）、印度旅游运输业协会（ITTA）、印度全国餐馆协会（NRAI）、印度零售商协会（RAI）等。

在印度，私人企业想要参与旅游产业的发展，需要政府较大的干预，比如在市场开拓、从业人员教育及培训，甚至具体业务操作方面，同时，还包括管理政策、规章及鼓励措施等方面。

（二）以日本为代表的混合管理模式

混合管理型旅游管理体制就是在旅游产业发展的管理中，强调市场竞争与政府管理并存，在发挥市场机制作用的基础上，政府进行旅游市场规制与管理，政府管理以市场手段为主，鼓励旅游企业公平竞争。

该模式强调市场机制与政府管理并存，同时，大量的行业协会代替了部分行政管理职能，政府通过行业协会对旅游业实行间接管理，行业协会既代表企业的共同利益，又能解决许多政府不便出面解决的问题，是政府和企业之间的桥梁。为了避免市场机制产生的盲目性，政府除了对旅游业运用各种经济手段进行调节之外，还通过旅游产业政策的制定，加强对旅游产业长远发展的指导与规划。

1. 日本

日本的旅游管理体制是一种典型的官民协办模式，政府、各种形式的旅游协会以及企业相互协调又彼此约束，共同促进旅游产业的发展。

目前，日本最高层面的旅游管理机构为国土交通省内设立的观光厅，由观光厅负责全国的旅游管理事务，其主要职责为：协调各省厅在旅游管理过程中的关系、制定旅游产业发展的相关规划、方针、政策，指导旅游资源开发和旅游设施建设，对旅行社、饭店进行注册、审批和监管，对外联络、宣传并进行国际合作、旅游统计与调研。同时，国家层面的旅游管理机构还有：观光政策审议会，由运输省领导，属于旅游政策咨询机构，主要负责审议旅游方针政策和相关法律法规；部际旅游联络会议，隶属于首相府，由内阁总理大臣（总务长官）领导，由与旅游产业相关的 21 个部或部级机构的代表组成，主要负责旅游政策协调工作。日本国家层面的旅游管理机构设置是与日本的经济体制相一致的，在适应旅游产业综合发展要求的同时，有利于旅游产业多方面功能的发挥。

日本地方层面的旅游管理机构有：旅行社、国家公园、导游等行业，由中央政府委托 47 个地方政府代管，负责地方旅游事务管理。地方机构隶属部门因地制宜，灵活设置，没有统一的模式，有的隶属于林业部门，有的隶属于劳动部门或文化部门，如东京在新闻文化部中设置观光娱乐课。地方旅游管理部门主要负责旅游资源开发、宣传推广、投资环境改善以及中央与地方的关系协调等方面的管理事宜。中央与地方旅游管理机构之间不存在垂直领导关系，中央通过政府方针和法规政策规划实现对地方机构的指导。

国外旅游机构设置情况：自 2003 年日本实施"观光立国"计划以来，发展入境旅游逐渐得到日本政府的重视。近年来，日本政府针对海外客源市场，以政府主导的国家旅游形象推广力度非常大。目前，日本在世界主要客源国共设有旅游办事处 13 个，委托性代理机构 6 个。

除国家管理机构以外，日本还有很多非官方旅游协会和旅游行业组织，如：日本观光振兴会（JNTO，国家旅游组织）、日本旅行业协会（JATA，国际旅行社行业组织）、日本交通公社基金会（JTBF）、日本观光协会（JTA）、日本饭店协会（JHA）和日本旅行协会（JATA，国内旅行社行业组织）等。由于日本对旅游产业实行间接管理，上述行业协会和行业组织代行了部分政府职能，如：日本旅行主管资格认证考试由日本旅行业代理商协会负责组织，导游执照培训和考试由运输省委托日本观光振兴会负责组织。上述团体履行着行业管理职能，既是政府与企业之间的沟通桥梁，又是企业之间的横向连接点，对协调各行业、各部门之间的关系，加强旅游业的促销宣传，促进旅游产业的快速发展，发挥着非常重要的作用。

日本的中央旅游管理机构，是在大旅游的指导思想下建立起来的。国家对旅游经济实行间接管理，政府不必也不可能直接干预旅游企业的经营活动。大量的行业协会代行了部分政府职能，政府通过行业协会对旅游业实行间接管理，既有利于企业间的信息交流和横向联合，增加行业的保险功能，又有利于发挥行业协会的作用，处理好国家与企业之间的关系。中央政府不对旅游业进行直接投资，旅游业的投资主要依靠地方和民间的财力，中央与地方各级旅游管理机构分工明确、市场法规健全，执法严格。[①]

日本旅游管理体制对我国的启示有：一、中央政府对旅游产业实行间接管理，中央政府不可能也不必要直接参与或干预旅游产业中各管理主体的经营活动，同时，中央政府不对旅游产业进行直接投资，其旅游管理资金来源主要依靠地方政府和民间组织的财力，中央政府与地方旅游管理部门之间的分工清楚；二、运用大量的行业协会代替政府的部分行政管理职能，行业协会等民间组织是政府发挥作用的条件之一，政府通过行业协会实现对旅游产业的间接管理，行业协会既能代表企业的共同利益，同时又能解决很多政府不便出面解决的问题，在政府和企业之间起到很好的中介作用。

2. 法国

2009 年年初，法国旅游机构大幅调整，原法国旅游局并入法国经济、工业与就业部，与原法国企业总局，法国商业、手工业、服务业与自由职业局合并，组成法国竞争力、工业和服务总局（DGCIS）。新成立的法国竞争力、工业和服务总局下属五个司，其中分管旅游的是旅游、商业、手工业与服务司，而原法国旅游局合并为该司下属三个处中的一个（如图 3-1 所示）。

法兰西之家成立于 1986 年，属于半官方的旅游组织，参与成

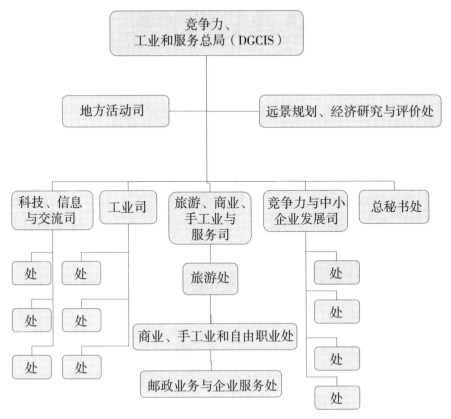

图 3-1　法国旅游机构调整示意图

员包含全国 95 个省的旅游管理委员会以及 2823 个旅游咨询中心，主要职责为对外旅游宣传推销活动，同时协助全国的专业俱乐部的组织工作，专业俱乐部主要负责旅游市场情况分析，向旅行商提供信息服务并进行联合旅游推广活动，从而推广旅游产品等。

　　法国旅游发展署，由法兰西之家与法国旅游观察发展局联合创建于 2009 年 5 月 19 日。该机构是非官方性质，主要职责是：法国旅游市场的营销与宣传推广，在世界各地设立有 35 个海外办事处；企业资质的标准制定和认可，制定旅游住宿酒店级别标准的参考框架，通过内部监理注册委员会，保证旅游公司以及配有专职司机的旅游汽车运营商在法国的登记、注册工作，负责旅游的职业培训工作，以便使教学更好地适应旅游企业的需求；旅游工程项目策划，协同法国本土和国际旅游企业公司一起，对旅游政策、土地开发策略或投资计划项目进行分析研究，通过竞争检测、经济形势分析，和对特定行业、旅游目的地或者客户群体划分进行市场研究引导，从而激发产品创新和产品质量的提高。

值得一提的是，法国旅游管理部门对于市场的研究力度较大，2008 年法国政府成立了一个"旅游战略委员会"，该委员会成员主要包括旅游企业领导人，主要负责各部门的协调工作，并在战略层面上寻求对策，提升法国旅游吸引力，确保法国世界第一旅游目的地国的地位，委员会下设 6 个工作小组，分别负责法国旅游产品市场研究、国际推介、接待和培训、基础设施等领域。其市场研究范围涉及市场层次、市场边界、市场内涵等，同时，研究能够深入到各个专题市场及每个市场的特点、兴趣、爱好和发展变化的可能性，研究指标有市场收入、市场人数等。例如，为了更好地开发我国市场，法国已经进行了一系列专题研究并制定了开发中国市场的相关战略，其中，加强城市观光、开展主题活动等措施已付诸实施。

法国对旅游管理部门人员的监督措施也值得我们借鉴，分为司法监督和非司法监督两大类，两类监督方式既相互独立又互为补充。目前，法国旅游管理已经形成政府内、外部监督与司法监督共存的相对独立的监察体系。

法国旅游管理体制给我们的启示是：旅游管理分工清晰、责任确切，充分调动各方力量，从上到下各司其职；旅游市场信息搜集分析严谨，战略规划明确，实施"引进来、走出去"战略，充分利用自身客源输出中心的吸引力和旅游强国优势，在本国开设大型旅游博览会、交易会的同时，也积极参加国际上各种形式的旅游促销会，在吸引国外记者考察、进行专业交流活动等方面，也不遗余力，通过提供各种优惠条件，扩大在客源市场的影响。

3. 西班牙

旅游业是西班牙第一大产业，也是西班牙经济发展的战略核心。西班牙历来非常重视旅游产业的发展，在世界旅游产业的经济效应初露锋芒时，就独具慧眼地设置了商业旅游部，接着实施了一系列旅游产业优惠政策，用以鼓励国内外投资者投资兴建旅游基础设施。按照规定，对于建设旅游景区的基础设施者，政府提供低息贷款；投资者投资兴建的旅游酒店或宾馆，可享受长达 3 年的税收优惠。这些产业优惠政策使得西班牙在全国范围内掀起了建设旅游景点的热潮。

西班牙旅游业管理机构是工业、旅游和商务部，内设旅游部门为西班牙旅游国务秘书处，指导和协调全国旅游产业的发展。旅游国务秘书处下设国家旅游局，国家旅游局下设旅游办事处规划和协调司、旅游海外促销和商业化司、旅游开发和可持续化司、旅游研究所、旅游竞争发展司和合作协调司等（如图 3–2 所示）。旅游国务秘书处是主管全国旅游工作的副部级单位，主要职能是扩大与全行业、其他旅游行政管理部门、政府内部的对话能力，影响和改善与旅游业相关的政府决策。旅游国务秘书处与全行业、自治区和政府其他部委建立了紧密的联系，定期组织会议，促成有关影响旅游业的决策。

西班牙各地方政府均设有旅游管理部门来负责本地区的旅游管理，但是各地旅游管理机构所属部门和名称并不统一，如安达卢西亚自治区设立了旅游与体育局、卡斯蒂利亚—莱昂自治区和加泰

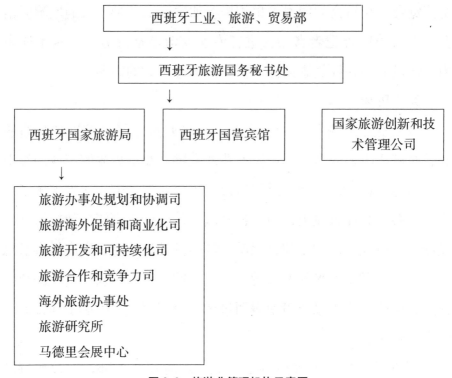

图 3–2　旅游业管理机构示意图

罗尼亚自治区设置的是工商旅游局来进行地方旅游管理。各自治区旅游管理部门拥有较大的自主权，与中央管理部门之间没有从属关系。因此，与西班牙进行旅游促销等活动的交流，主要是与其地方旅游管理部门进行沟通。另外，西班牙旅游促进会是一个公私合营的自治性机构，主要职责为进行对外旅游宣传，协助各地方旅游管理机构进行旅游产品的对外推广与销售，促进会在国外设有 27 个旅游办事处。

　　西班牙旅游管理体制的特点是：清晰、明确地将不同的旅游资源划归于不同的类别，分别进行管理；运用法律手段建立了一套简明、高效的治理体系；同时，对于旅游宣传的针对性强、宣传力度大。

4. 德国

德国的旅游产业管理具体可分为三大层次：

一是立法推进与政策审议层次：旅游立法及政策审议主要通过联邦众议院和联邦参议院，其分别下设旅游委员会，具体负责旅游业政治诉求和政策审议；二是政府管理层次：德国旅游产业的政府管理机构是设置在综合部门中，主要是德国联邦经济与技术部，其下设中小企业与旅游事务国务秘书1人及相关部门，具体负责联邦旅游事务的管理与协调；三是市场推进机构：德国旅游产业的具体发展诉求，反映到产业内利益群体代表机构或者管理机构方面，主要有：一是德国旅游协会（简称DTV），代表产业群体向联邦政府和国会提交产业诉求并争取权益，是产业与政府、国会间的重要沟通平台。二是德国旅游中心（简称DZT，国内称"德国国家旅游局"），受联邦经济与技术部委托，具体负责德国国家旅游形象推广。

德国属于联邦制国家，下设13个联邦州和3个直辖市，旅游等相关产业的政策制定、管理执行、营销推广等具体推进计划均需要联邦政府和各州（含直辖市，下同）协同完成。德国旅游管理系统呈现联邦性质，没有独立统一集中的旅游管理权力机关，德国旅游业的发展主要是基于市场经济的内在调节机制，主要通过成熟市场进行资源调配并推进产业升级发展，即便存在相关旅游机构或管理部门也仅仅承担旅游产业发展的一些具体职能。

由于德国属于联邦制，旅游产业的管理与发展也体现联邦制特点，联邦政府负责整个国家的形象推广和营销管理，各州具体负责所辖市场管理和推广，联邦政府与各州相互独立。各州均有自己的政府、议院、协会以及旅游中心等相关机构，个别州也在海外派驻旅游办事处，联邦政府无权过问，比如慕尼黑、不莱梅等城市均在中国派驻了旅游营销机构。

（三）以美国为代表的市场主导模式

市场主导型旅游管理体制是指在对旅游产业发展的管理中，强调主要依靠市场调节机制来推动的一种管理模式。在这种管理体制下，旅游产业的发展主要依靠市场机制来实现旅游产业内部的自行调节和自行均衡；政府在旅游业发展中起间接作用，主要通过一定的市场参数来调节旅游业发展；国家产业政策对旅游业的影响主要侧重于市场需求。市场主导型旅游管理体制最突出的特征在于，更多地强调在政府有限服务下的微观市场主体的自由竞争。

该种模式的基本特征是国家旅游管理体制中的管理机构并没有单独设立而是多与其他部门合并设立大部门，下设独立的旅游机构，政府干预往往保持在最低水平上，如仅仅制定旅游产业发展政策以及管理制度的大体框架，对于旅游产业发展基本没有干预。其管理模式充分借助了市场这只看不见的手所能发挥的调节作用，强调市场机制对于旅游业发展的决定性作用。在这种管理体制下，专业行业协会负责旅游企业具体业务的管理，积极维护本行业的利益，促进跨行业的横向联系，制定本行业的条例和准则，负责行业内的人员培训工作，为行业内的企业提供信息服务等等。该管理模式的典型国家有美国、英国。

1. 美国

美国并没有独立的旅游管理部门，其管理体制是以市场为主导，以企业为主体，以广泛参与的非政府性组织（各种俱乐部、旅游协会、研究培训机构及遍布各地的旅游问询中心）为重要力量，是典型的市场主导型的发展模式。

1996 年，美国撤销了其负责旅游管理的国家机构——国家旅游局，之后原国家旅游局的一些职能，如制定旅游政策、吸引国外游客到美旅游同时刺激国内旅行等职能，并入商务部。同时，政府对于权力下放的程度很高，对于城市旅游管理，仅在州一级政府设立旅游管理局，由于美国是联邦体制，各州及地方政府的旅游管理局在宣传和促销本地旅游产业方面所发挥的作用非常独立，并且资金来源充足，对美国旅游产业的发展起到了重要的推动作用。

目前，美国的旅游管理部门分政府组织和非政府组织两大类，并分为国家、州及州以下的地方政府等不同层面。从国家层面来看：（1）美国的旅游管理是归口商务部，在商务部下的国际贸易管理局设立旅游办公室，由商业部次部长助理领导，主要任务为负责旅游政策以及旅游调研，并代表政府出席与旅游相关的政府之间的谈判和会议，使命是促进美国旅游业的发展，努力通过旅游出口创造就业环境。旅游产业办公室下设旅游政策协调部和旅游发展部，旅游协调部由国务卿、劳工部、内政部、移民局、交通部、国家旅游组织、国际行业管理、美国商会以及管理与预算办公室等的代表组成，主要负责协调联邦旅游政策，并代表政府参加贸易及投资谈判，保证国内旅游企业的利益；旅游发展部主要负责收集、整理以及出版他国旅游信息，包括对现有国际旅游市场规模、特点的分析，对旅游需求及模式变化的评估，对国际上潜在旅游市场的预测、分析、判断等。（2）美国的旅游行业协会，创立于 1941 年，总部位于华盛顿，是美国主要的国家层面的非政府组织，属于全国性的非营利性民营组织，其经费来源主要是会员缴纳的会费收入。作为美国旅游业各部门的统一组织，其主要职责是组织各种旅游宣传促销活动，宣传美国整体形象，推动美国国内旅游及入境旅游的发展，同时，也从事旅游信息咨询、行业调查研究、行业沟通交流以及旅游市场开发计划的编制等工作。该协会在联系和协调全国州旅游理事会、全国区域旅游组织理事会、国际会议与游客协会、国家旅行信息中心理事联盟、全国城市组织理事会和全国风景区理事会等民间旅游组织方面起到了领头作用。

从州及地方政府的层面看：（1）美国华盛顿特区政府和 50 个州均设有专门的发展旅游业的旅游管理机构，一些重要的旅游城市以及郡政府也设有专门的类似机构对当地旅游业进行管理，以促进当地旅游业的发展，上述旅游管理部门的主要资金来源为州政府公共资金，有的是非营利民间组织，如夏威夷游客局，主要承担发展与管理旅游的工作。这些管理机构的职责不仅有进行信息发布、广告及市场宣传，还要参与旅游产品开发、文化遗产及环境保护，以及进行本地历史、风景、名胜古迹的研究与宣传。（2）美国有遍布全国的旅游问询中心，各个城市的旅游询问中心加总数以千计，形成了一个全国性的服务网络。旅游问询中心是一个非营利性的民间组织，具有活动开展多样性、运作成本低和较易受到社会认可等优势，其职责主要是通过各种形式的活动推广所在城市或地区的旅游资源，并为到所在地旅游的游客服务，同时，将政府、地方、对外贸易、协会以及个体性质的旅游服务供应者（如汽车旅馆、饭店、餐馆、地方交通部门和风景区等）的利益集中在一起，在推动旅游公共服务多样化以及为政府分担旅游事务等方面均起到了非常重要的作用。

美国旅游问询中心开展业务工作的主要特点：一是与政府有密切的合作；二是与当地旅游企业有广泛的沟通，并且能为企业提供充分的服务，而中心也同时获得充分的活动经费；三是注重与大学、学联等社会组织合作，调动社会资源参与活动的积极性；四是中心的工作目标明确，既能从树立城市整体形象的高度着眼，又能从吸引外地人来消费、提高住房率的具体策划着手。这些特点，充分体现了中心作为非营利性组织在开展旅游公共服务活动中的活跃性和有效性。①

美国的旅游管理体制给我们的启示有：（1）各地、各级旅游管理机构呈现多样性，相对独立并责任明确、各司其职，各机构负责旅游市场的规制、管理以及加强对旅游产业长远发展的指导与规划，避免市场机制产生的盲目性；（2）充分发挥市场在旅游产业发展中的作用，在旅游产业的发展过程中，非政府组织发挥了举足轻重的影响，他们根植于基层，在政府、企业以及公民间有大量的服务空间，服务范围不断发展完善，其快捷高效的服务有力地促进了美国旅游产业的发展。

2. 英国

英国政府通过法律法规来约束旅游企业及相关从业者，调整竞争关系并防止行业垄断。旅游业中各企业的经营活动完全受市场机制的调节，经营不善的企业通过破产以及兼并重组等方式退出市场。英国政府提倡公共服务，各级部门以《公共服务协议》为准提供服务，同时进行量化管理。

英国旅游管理归口文化、传媒及体育部，下设英国国家旅游局，国家旅游局的设立依据为1969年的《旅游发展条例》，有6个职能部门和35个海外办事处，共有450名工作人员，主要宗旨为

---

① 于慰杰：《从美国旅游业的发展看非政府组织管理》，《东岳论丛》2009年第2期。

"大力发展入境旅游，努力提高旅游收入"，主要工作一是完善旅游基础设施建设，大力开展海外宣传推广，二是负责对各地区总体的旅游产业发展进行指导、协调，三是不断提高旅游产品质量和服务质量，四是密切与各级旅游局的合作，加强旅游行业内的信息沟通，并树立英国旅游产业的整体形象，但不介入对旅游企业的具体管理。该种机构设置于综合性部门内的形式，能够形成较好的分工协作机制，利于各种问题的部内协调。

旅游局下设 6 个职能部门：旅游市场委员会（负责宣传促销）、秘书处、旅游设施委员会（负责协调各部门的旅游基础设施建设）、饭店餐馆委员会（负责饭店的星级评定）、旅游开发委员会（负责改善旅游交通、标识及环境卫生）、文物遗产委员会（负责文物保护及宣传工作）。同时，设有三个半官方的部门：苏格兰旅游委员会（或译为苏格兰旅游局）、英格兰旅游委员会（或译为英格兰旅游局）、威尔士旅游委员会（或译为威尔士旅游局），上述三个部门具体负责各地的旅游管理协调事宜，经费由各级政府承担，主要职责是促销、宣传、推广及寻求旅游合作。

英国的基层旅游管理部门为地区旅游委员会，经费由旅游局、私人企业以及地方政府共同承担，主要职责为：代表本地区旅游产业的利益，同地方政府一起，制定当地的旅游产业发展战略，并支持该地区旅游基础设施的兴建，协助该地区旅游项目的开展，同时，负责当地旅游业的接待工作以及为各企业提供信息服务等。

英国对旅游产业实行分工管理，管理部门除了国家旅游局和基层旅游管理部门之外，还有很多非官方的民间行业组织，旅游行业组织与旅游管理机构适度分工，密切配合，共同发展。英国旅游行业组织有：英国旅游协会（成立于 1929 年，成员有铁路、船运公司、饭店以及有度假地的地方政府等）、英国饭店与餐馆协会、英国旅行代理人协会（实际上英国旅行代理人协会不仅行使官方机构的权力，还有对违法经营者进行严格监督的权利以及对违法者予以终止或取消会员资格等处罚的权利）等，上述行业组织负责旅游企业的具体业务管理，主要职责为：积极维护旅游行业的利益，同时，促进跨行业之间的横向联系；制定旅游行业的管理条例和管理准则；负责旅游行业内的从业人员的培训工作；为旅游行业内的相关企业提供信息服务等。目前，英国的旅游行业协会发展越来越细化、越来越全面，但凡与旅游行业相关的方面，基本上均已建立了专门负责的行业组织。

关于对旅游管理机构的监督检查方面，英国实行监察官制度，在中央设有议会政府督察官、地方设有地方政府督察官，监察监管对象分别为英国国家旅游局和各基层旅游局的官员。同时，英国政府也赋予旅行代理人协会这一民间旅游组织以监督检查的职能，英国旅行代理人协会在负责大量旅游行业管理工作的同时，还履行对旅游企业及行业从业人员按照协会章程实施监督检查的工作。

英国旅游局对于利用高新科技进行旅游促销经验丰富，其网站信息量大，日均访问量达 67 万次，在各个城市均设立了旅游电话中心和旅游问询中心，还在全球 11 个国家设置了旅游信息中心，此外，对于互动电视等科技手段在旅游业推广过程中也有使用。同时，英国的各种旅游行业组织基本上是以大型旅游集团为龙头，从而能避免恶性竞争，使市场健康有序运行，如通济隆、航空旅游、第一选择和汤姆森四大旅游集团占据了英国全国 56% 的市场份额，该四大旅游集团有覆盖全国的完善的服务销售网络、自有机队或航空公司。

英国旅游管理体制给我们的启示是：旅游行业组织发展成熟、功能完备，在配合旅游行政管理部门工作的同时，可以行使监督检查职能，更好地维护行业环境；同时，互联网作为新兴媒体在旅游管理中发挥越来越重要的作用，网站信息更新速度快、信息量大、客观、中立，网站信息可以和旅游产业中各个主体紧密相连，使产销得以更密切的衔接，因此可以形成很高的权威性和可信度，推动旅游业的发展；另外，英国的监察官制度也值得借鉴，该制度的完善可以为旅游行业的平稳较快发展提供秩序保障。

三、各国旅游管理体制对我国可借鉴的经验启示

（一）各国旅游管理体制的发展规律和特征

1. 共同发展规律

各国旅游管理体制既保持相对的稳定性，又随着国家政体、社会环境的变化和旅游产业的发展不断进行调整。如韩国最初在陆地运输局和交通部内设旅游科，1963 年升格为隶属交通部的旅游局，后又隶属文化体育部，现为文化体育观光部；俄罗斯先设国家旅游局，后为文化与旅游部，进而又在经济发展和贸易部内设国家旅游局，现为体育、旅游与青年事务部；意大利国家旅游局曾隶属工业商业手工业部，后为政府文化遗产与旅游部，2009 年又成立独立的旅游部。

各国旅游管理体制不断嬗变的过程，实质上是不断探索旅游

业如何与相关产业相协调，寻求最适合本国国情的发展模式。随着现代旅游业的发展，市场经济逐步成熟，法治体系的完备与规范，世界各国旅游管理体制呈现出共同或相似的趋势，形成了"政府部际协调决策—行政机构主管—行业协会协调自律—专业机构推广促销"的旅游管理体制与产业运作模式。

2. 旅游管理体制的特征

总的特征是：发达国家政府对旅游的行政管理较宏观，职能主要集中在研究分析、制定政策、项目审批等方面，产业发展主要靠市场及各类行业协会推动；发展中国家和一般发达国家，以及旅游产业在国民经济中占很高比重的国家，政府旅游管理的力度相对较大，管理职能更明确。

发达国家的旅游业一般从国内旅游起步，在法律范围内由行业协会实行以自律为主的市场管理，以民营企业为主体的旅游企业在市场经济中长期发展，在这个过程中政府对旅游行业一般较少采取行政干预。典型的如美国在 1996 年取消国家旅游局后就一直没有恢复，对旅游业的宏观管理职能由设在商务部的旅游办公室承担。在机构升格方面意大利是个例外，2010 年刚刚成立旅游部，但其目标和职能相对集中于国家旅游形象推广及旅游竞争力提升。

发展中国家或从计划经济转型的国家旅游业大多从接待入境游客起步，为解决和协调接待入境游客中面临的各种问题，在发展旅游业的初期政府必须采取较多的行政干预措施，倾向于充分发挥政府的综合管理职能，旅游主管机构兼有开发建设、经营管理、市场监督和宣传营销等众多种职责，甚至直接开发旅游接待设施、经营国有旅游企业。

3. 旅游管理机构的设置分类

旅游管理机构作为旅游业发展初期的开拓者，旅游业逐步兴起时期的规范者，旅游业发展成熟时期的协调者，其在旅游管理体制中的作用是不言而喻的。从各国旅游机构设置的实践来看，主要包括以下几个类型（如表 3-1、表 3-2、表 3-3 所示）：

（1）跨部门合并设置的旅游综合管理机构。在 150 个世界旅游组织成员国中，跨部门合并设立直属中央政府领导的部级旅游机构的国家有 74 个，均为正部级机构。比如澳大利亚的工业、旅游和资源部，西班牙的工业、旅游和商务部，中非共和国的旅游发展和艺术部、哥伦比亚的贸工和旅游部。这类综合管理机构往往是作为一国最高层次的旅游管理机构而设置，成员一般由本国与旅游相关的多个政府部门的负责人联合组成。比如泰国的国家旅游委员会是泰国旅游业最高管理机构，是由国家设立的主管旅游业的部门。泰国政府对旅游业实行高度集中的宏观管理，设立大区办事处集中管理全国各地的旅游经济活动，国家旅游和体育部部长担任委员会主席，民众联络厅长、艺术厅长、法制委员会秘书长、商业注册厅长、警察厅长或他们的代表担任副主席，首都曼谷旅游注册官员担任旅游委员会委员秘书。①

（2）单独设立的旅游管理机构。根据联合国世界旅游组织的相关资料显示，现有 150 个世界旅游组成成员国中，有 52 个国家在中央政府中单独设立了旅游管理机构。其中，45 个国家单独设立了正部级旅游机构，比如以色列、菲律宾、古巴、阿根廷等国设立的旅游部，朝鲜、老挝、越南等国设立的国家旅游（总）局等；

---

① 陈国林：《浅谈泰国旅游管理法律制度》，《法制与社会》2008 年第 25 期。

中国、俄罗斯、加拿大、保加利亚、卡塔尔、乌兹别克斯坦、意大利等 7 个国家则单独设立了副部级旅游机构。

从世界主要旅游国家和地区的机构设置情况来看，发展中大国基本上都单独设立了旅游管理机构。比如，俄罗斯设副部级联邦旅游署，由副总理直接分管；巴西、印度、墨西哥、马来西亚设独立的旅游部；南非设环境与旅游部，是内阁组成部门；沙特阿拉伯设正部级的最高旅游委员会等等。

（3）在综合部门中设立的旅游管理机构。在 150 个世界旅游组织成员国中，在综合部门中设置旅游机构的国家有 24 个。如德国旅游归口联邦经济与技术部，内设旅游政策处，德国国家旅游局则隶属经济与技术部，属协会性质，负责海外促销；日本在国土交通省内设立观光厅，负责全国旅游事务。

表 3-1　世界主要旅游国家和地区旅游管理机构的设置情况

类别	国家或地区	机构	
		单独设立	合并设立
发达国家	美国		商务部内设旅游办公室
	加拿大	旅游委员会	
	法国		装备、交通、住房、旅游和海洋部
	西班牙		工业、旅游和商务部
	瑞士	旅游局	
	英国		文化、传媒和体育部
	德国		经济和技术部下设国家旅游局
	意大利		生产活动部
	澳大利亚		工业旅游环境部
	日本		交通省内设观光部
发展中国家和地区	俄罗斯	联邦旅游署	

类别	国家或地区	机构	
		单独设立	合并设立
发展中国家和地区	巴西	旅游部	
	印度	旅游部	
	埃及	旅游部	
	希腊	旅游部	
	墨西哥	旅游部	
	古巴	旅游部	
	阿根廷	旅游部	
	马来西亚	旅游部	
	以色列	旅游部	
	巴拿马	旅游部	
	菲律宾	旅游部	
	蒙古	旅游部	
	朝鲜	旅游总局	
	越南	旅游总局	
	缅甸	旅游部	
	柬埔寨	旅游部	
	老挝	旅游部	
	中国香港	旅游发展局	
	中国澳门	旅游署	
	白俄罗斯		体育旅游部
	南非		环境旅游部
	韩国		旅游文化部
	土耳其		旅游文化部
	新加坡		贸易及工业部下设旅游局
	秘鲁		外贸旅游部
	泰国		旅游与体育部
	印度尼西亚		旅游文化部

续表

类别	国家或地区	机构	
		单独设立	合并设立
发展中国家和地区	尼泊尔		文化旅游与银行部
合计	39	22	17

说明：1. 在 10 个发达国家中，单设旅游部门的 2 个，占 20%，其余的 8 个为合并设立，占 80%。

2. 在 29 个发展中国家和地区中，单设旅游部门的 20 个，占 69%，合并设立的 9 个，占 31%。

表3-2　世界入境旅游大国旅游管理机构设置情况

序号	国家	单独设立	合并设立		备注
			官方名称	内设旅游部门名称	
1	法国		经济财政部		
2	西班牙		工业、旅游、贸易部	西班牙旅游秘书处	
3	美国		商务部	旅游旅行办公室	
4	中国	国家旅游局			
5	意大利	旅游竞争与发展局			由副总理直接分管
6	英国		文化、传媒及体育部	英国旅游局	旅游局下设 6 个职能部门，21 个海外办事处
7	德国		经济与技术部	旅游政策处	德国国家旅游局为海外促销专门机构，隶属经济与劳工部
8	墨西哥	旅游部			
9	奥地利		奥地利联邦经济与劳工部	旅游司	奥地利国家旅游局为海外促销专门机构，设有 31 个海外办事处
10	俄罗斯	俄罗斯联邦旅游署			

表 3–3　发展中大国旅游管理机构设置情况

序号	国家	单独设立	合并设立		备注
			官方名称	内设旅游部门名称	
1	俄罗斯	联邦旅游署（副部级）			副总理直接分管
2	巴西	旅游部			
3	墨西哥	旅游部			
4	阿根廷	旅游部			
5	印度	旅游部			旅游部长兼任文化部长
6	南非		环境与旅游部		内阁组成部门
7	马来西亚	旅游部			
8	泰国		旅游与体育部	旅游局	泰国旅游委员会由内阁主要部门组成，是最高层的旅游管理机构，旅游局隶属于旅游与体育部，由副总理直接分管
9	沙特阿拉伯	最高旅游委员会（正部级）			
10	埃及	旅游部			

（二）决定国家旅游管理体制的因素

各国旅游管理体制的形成、变迁是自然环境、历史沿革、国家政体、经济结构和发展模式等多种因素的综合，主要取决于国情和政府高层对旅游业的认可程度。

通常影响一国采取何种旅游管理体制的具体因素有：

1. 旅游业的重要性，决定旅游行政管理部门采取单独部（局）、联合大部还是部属部门的形式

一个国家旅游主管机构在中央政府中的设置方式与地位，与旅游业在该国国民经济中的作用与地位直接相关，也与该国政府对旅游业的认识与重视程度有关。一般情况下，旅游业如在国民经济和对外贸易中具有重要作用，能成为支柱产业和外汇创收的重要渠道，旅游主管机构在中央政府中的地位就较高，设立旅游部或旅游与其他部合一，主管官员是内阁成员；反之，旅游主管机构的地位较低，往往设在其他部之下。

单设旅游部的国家绝大多数是第二产业不太发达、经济总量不大或旅游占 GDP 比重较高的发展中国家。如墨西哥旅游产值占全国 GDP 比重和旅游从业人数占就业总人数比重均超过 10%；旅游业是以色列获取外汇的主要来源之一；喀麦隆政府重视发展旅游业，设有旅游部并成立了以总理为主席的国家旅游理事会。

随着旅游业的产业地位的提升，旅游主管机构在各个国家政府中的地位也随之上升。如印度 1949 年交通部下设旅游交通局，1966 年政府成立印度旅游开发公司，兴建基础设施。1982 年设立文化旅游部，1986—1991 年成立全国旅游委员会和印度旅游财政公司。1993 年提升为民航旅游部，后为文化旅游部，2008 年成立独立的旅游部。日本为了实施观光立国政策，把旅游主管机构从国土交通省综合政策局内的科室规格，提升为国土交通省内相对独立的观光厅。

2. 国家政体的多样性，同样影响旅游行政管理体制

一个国家中央政府的组织形式对旅游管理机制有很大的影响。专设旅游部（局）的国家，大多中央政府部门设置比较细、管理权力相对分散；不专设旅游部（局）的国家，其政府机构设置大多实行精悍的联合大部制，把相近或相关的政府职能部门合在一起，通常不超过 18 个大部。

在中央政府与地方政府的关系上，有些国家实行中央集权，在旅游管理体制上表现为中央政府旅游主管机构在行业管理、建设和市场营销等方面具有很大的控制权，对地方旅游主管机构有直接的管辖职权；一些国家，尤其是联邦制国家实行地方分权制，在旅游管理体制上表现为中央政府旅游主管部门较为简约，职能主要是国家形象整体推广和国际宣传促销，地方旅游主管部门相对庞大，行使行业管理和开发建设保护等职能。

3. 按照旅游的不同属性，形成多种类型的联合大部

实行旅游与相关行业组成联合大部的国家，旅游业大多在国民经济中占有重要地位，旅游通常与经济或商务、文化或资源、交通或民航、体育等行业结合，组成联合大部。

（1）按照旅游服务的经贸性，与经济或商务部门结合。"旅游部"或"国家旅游局"作为一个行政机构缺乏足够的权责，难以独立与其他行政主管机构平等协调，更无职权指挥其他行政主管机构服从自己的安排，所以即使设有独立的主管机构也往往在政府（内阁）中排在较后位、缺乏实质性的职权。旅游与商业或经济产业部门联合组成大部，可提升旅游与经济产业部门的综合协调能力。与此相适，外国许多高等院校的旅游专业多设在工商管理学科之内。

（2）按照旅游资源的类型，与文化或自然资源部门结合。这种模式的优点是体现了这些国家发展旅游的优势与特点，把旅游开发管理与自然或文化资源保护利用结合起来，易于发挥资源优势、形成特色和主打旅游产品。这种模式存在两个问题：第一，旅游业作为大产业经济，其高度市场化开发利用与生态、文化资源的保护存在一定矛盾；第二，现代旅游业的资源基础、产品类型和社会功能不断拓展，单纯的生态旅游或文化旅游产品不能适应现代旅游新业态的发展趋势和民众日益增强的旅游多样需求。

（3）按照旅游主体的流动性，与交通或民航部门结合。这种模式的优点是旅游与交通的协作性极强，充分体现了"旅"与"游"的互补互利、不可分割的特点，为顺畅接待大量入境游客提供了运输保证。这种模式最适合以中远程境外游客接待为主、旅游刚刚起步的中小国家，随着全球旅游业的广泛发展，现已越来越少。

（4）按照旅游活动的活跃性，与体育部门结合。实行这种模式的国家主要有俄罗斯（体育、旅游与青年事务部）、泰国（体育旅游部）等。俄罗斯联邦旅游署，隶属于体育、旅游与青年事务部，体育、旅游与青年事务部和联邦旅游署代表俄罗斯政府层面管理旅游产业；泰国政府内设立了旅游和体育部，属于正部级旅游机构，下设旅游局，由副总理直接分管，由内阁主要部门组成。也有类似的旅游与文化、体育相结合的模式，如韩国（文化体育观光部）、越南（文化体育旅游部）。

（三）各国旅游管理体制的经验启示

从以上的分析总结可以发现，各国受到政治经济制度、资源禀赋、历史背景、市场环境和经济社会发展水平的影响，产生了不同模式的旅游管理体制，旅游产业的发展方式也不相同。结合各国实行的旅游管理体制，根据我国国情，有以下可借鉴的经验和启示：

1. 旅游管理体制的设计必须与社会经济、政治、文化等各方面的进程相适应

旅游管理体制的演变进程关系到一国旅游服务能力、旅游产业结构和人员就业等多方面的发展。因此各国政府均根据自身国情和发展阶段，甚至考虑国际形势和世界旅游管理的大背景，作出不同的选择。也就是说，政府对于旅游的管理，必须符合本国社会经济、政治和文化等多方面发展的趋势，与之匹配，相互促进，才能不断延续和壮大。目前我国的旅游需求有较大增长，但旅游管理职能有待改善，职能交叉，资源多头管理，配置效率相对较低等问题仍很突出，一些主要发展中国家把相近或相关的政府职能部门合在一起，进行资源整合，形成大旅游格局的经验，值得我国借鉴和学习。

2. 旅游管理体制的发展始终围绕政府干预、市场选择的路径发展推进

世界主要国家都十分重视旅游产业的综合性、可持续性发展，越来越多的国家将旅游产业的发展上升到战略高度。无论是奉行自由放任旅游发展政策的美国，还是推行政府干预型旅游发展模式的日本，抑或采用官方权威管理模式的泰国，政府干预在本国旅游管理中都发挥着重要作用，并且旅游业发展水平距先进水平的差距越大，政府的干预强度越大。为赶超旅游业发展水平先进的国家，如俄罗斯、印度、泰国等后起国家，都采取了政府干预与市场机制相结合的模式，制定行业标准、制定相关法规以及负责实施和监督，以有效配置全社会的人力、物力和财力资源，调控好旅游管理中不时出现的失衡现象，确保旅游业快速稳定发展。我国旅游业改革开放以来的发展速度很快，近几年由于居民收入的增长和对外开放程度的扩大和加深，对旅游的需求和旅游市场发展很快。然而我国旅游市场在发展的过程中，一方面存在着市场机制的不完善和市场不完全的问题，另一方面政府对于旅游业的管理体制也存在着体制和机制性的问题，政府与市场之间的分工和协调是我国旅游管理体制改革的关键。

3. 政府旅游管理机构要积极协调各方关系，发挥宏观调控的作用

一要发挥宏观调控的作用。在我国，由于对于旅游业认识的深度不够，旅游业发展还处于初期阶段，管理分散，再加上我国正处于以经济发展为核心的发展阶段，旅游业往往被各级政府片面地当作推动经济发展和增加就业的手段，为了追求短期目标而建造一些不符合自然规律、不具发展前景的项目。因此，我们应对旅游产业进行合理的集中统一管理，从而发挥旅游产业的基础性、综合性作用，实现旅游产业的可持续性发展。二要协调地区之间，政府与旅游组织、旅游企业之间的关系，发挥服务型政府的特点。如美国对各州及地方政府以及各旅游协会等民间力量的协调，甚至提供旅游规划与研究数据和资料，发挥基础服务的功能，通过政府管理、民间主办的形式，形成完善的旅游系统网络。三要协调自身的权利和义务。由于旅游业是经济活动中的一个依托性行业或者说是下游行业，旅游管理部门作为一个行政机构有时会因为缺乏足够的职权而难以单独与其他行政主管部门进行平等协调，甚至更无权责指挥其他行政主管部门服从安排，所以要协调旅游管理部门实质性职权缺乏的问题。

4. 政府旅游管理机构要积极引导各类旅游企业及旅游管理行业协会的发展，发挥市场调节的作用

作为第三产业，旅游产业的服务质量要想得到提升，必须重视市场的调节作用。对于服务业，企业等非政府组织才是市场真正的主体，具有贴近市场、社会触角深而广等特点，一个健全而有效的旅游管理市场，应该能够充分发挥各类非政府旅游管理机构的作用。政府需要明确职权，不应直接干预各类旅游企业及旅游管理行业协会的日常经营活动，而是应该与其保持恰当的距离，通过有效的宏观调控和行业管理，为其创造良好的政策环境，建立适合其发展的空间，实现非政府旅游管理力量的独立发展与自负盈亏，引导并促进其在国家旅游产业中发挥更大的作用。

5. 加强旅游管理的统一规划，提升旅游产业服务品质

全国的旅游规划过于原则化、口号化，缺乏约束性的指引，各地旅游除自然风光外，差异性越来越小。而在另外一些地区由于旅游业对地方财政的贡献率很低，而资金投入和管理成本又很高，出现对旅游业不够重视的现象。旅游资源，包括人文和自然资源的开发，应该提倡"从容"发展、谋定后动，进行精心设计和保护。因此，应该改变全国和各地都在追求旅游业收入增长幅度的做法，致力于旅游品质，主要是服务品质，不盲目进行人文景观和大规模基础设施建设。如西班牙"不再追求游客人数的增加，而是千方百计让每一位游客多花钱"的做法。旅游一定要做到舒适、自然，而不是人满为患又收入不多。

6. 完善监管体系，保证旅游管理体制的正常有效运转

建立一定的绩效评估制度，对旅游管理的参与者实施一定的监管，并使监管渠道多元化，可以防止旅游管理体制内由于管理松散而导致的推诿扯皮的现象。很多国家都在政府层面设立单独的监管机构，以约束旅游管理机构权力滥用或职责不到位等问题，有的国家虽未单设监管机构，但也赋予了某些机构以监督检查的职能。一些旅游发达国家的旅行社协会等民间旅游组织，既担负着旅游行业管理工作，又有按照章程对旅游企业及从业人员进行监督检查的工作。如英国的旅行代理人协会，不仅行使官方机构的权力，还要对违章经营进行严格监督，对违法者进行处罚。同时，在监管方面，要防止由于监督分工不明确、不合理而形成的监督空隙或多方插手现象。

7. 重视旅游人才培养及旅游宣传等旅游产业软实力对于旅游产业可持续发展的重要性

旅游业发展水平作为国家软实力的重要体现，它与社会管理水平、投资环境，特别是服务人员水平密切相关。在以美国为代表的服务至上的旅游管理机制的引导下，各国都对旅游人才培养及旅游宣传给予了极高的重视，在提供旅游服务人才、旅游资源宣传等方面做足了保障，以推动本国旅游产业的发展。美国、英国政府十分重视高素质旅游业服务人才的培养，对职业教育和企业培训也十分重视；日本实行了定向培养旅游管理人才的政策；泰国政府将海啸等自然灾害知识纳入教科书等。这些都证明：人才培养及有效宣传是一个国家旅游产业在世界市场中具有竞争优势的基础，通过旅游交流与推介可以促进人文、历史交流，增强国际影响力和文明认同感。旅游业发展对一个国家或地区来说，除了可以富民、繁荣文化之外，更重要的是带来观念的变化和社会发展水平的整体提升，这对于后发展国家而言非常重要。

第 四 章

构建中国特色旅游管理体制的
政策建议研究

改革开放以来，我国国民经济高速发展，居民收入水平不断提高，促进我国旅游产业保持快速增长。与此同时，我国的旅游管理体制也随着改革开放的进程不断变革和调整，初步形成了大体适应现阶段社会主义市场经济发展需要的旅游管理体制。但是在我国经济发展的新阶段，从实现"两大战略目标"的总体要求来看，现行旅游管理体制中仍存在着一些不利于旅游业科学发展的制约因素。这就需要我们站在全局的高度，充分认识旅游业在国民经济中的重要战略地位，在认真剖析现阶段旅游管理体制存在主要问题的基础上，探索我国旅游管理体制改革与创新的方向，以促进我国旅游产业持续、快速、协调发展。

一、我国旅游管理体制的改革发展及存在问题

新中国成立以来，旅游业从最初的外事接待型，转变为改革开放之初的积累外汇型，再到上世纪末成为国民经济新的增长点，新世纪进一步发展成为国民经济重要产业。伴随着旅游业的发展壮大，我国旅游管理体制也经历了一系列的改革和调整。

（一）我国旅游管理体制的改革历程

从整体上看，以我国经济发展、改革开放和旅游业发展的重大事件为标志，可以将旅游管理体制改革分为以下六个阶段：

1. 旅游管理体制初步建立

新中国成立之初的一个时期，全国尚没有专门管理旅游业的行政机构，上面由国务院有关部门归口管理，下面由中国国际旅行总社和中国华侨旅行服务社兼管，其中中国国际旅行社总社的重要事务都由国务院批准或下发，实际上代行了政府的旅游管理职能。[①]1964 年，中国旅行游览事业管理局作为国务院的直属机构正式成立，标志着新中国的旅游管理体制的正式建立，国家对旅游事业的管理也从此进入了正规化的轨道。这一阶段我国的旅游管理体制经历了从无到有的过程。其间并没有什么大的变革，基本上实行上面由国务院有关部门归口代管，下面由旅游局与中国国际旅行总社合署办公的体制，旅行社俱为事业单位，没有真正意义上的旅游企业，是较为典型的政企合一管理模式。而旅游管理机构的主要任务是从事从中央到地方的外事性、政治性接待工作，各级旅游管理机构及旅行社的存在与变化，也完全是在政府主导下进行的。

2. 旅游管理体制改革开始起步

1978 年 3 月，中国旅行游览事业管理局改为直属国务院的中国旅行游览事业管理总局，并成立了旅游工作领导小组。各地相应成立旅游局，负责管理地方旅游业。1982 年旅游总局与国家旅游总社正式分开，结束了自 1964 年以来局社合一的格局，为政企分

---

① 李平：《新中国旅游管理体制的演变与启示》，《中国经济史研究》2003 年第 3 期。

开、强化行业管理、争取旅游业的更大发展创造了条件。同年，中国旅行游览事业管理总局更名为国家旅游局。在这个阶段，我国的旅游管理体制改革取得了一定的突破，逐步形成了较为完整的旅游管理体系。其旅游管理体制改革的基本思路确定为"统一领导，分散经营"，开始尝试打破"统一领导、统一经营、统一对外"的领导和经营一体化的制度格局。旅游经营单位由事业单位转向企业化经营。从某种意义上来说，此时我国才出现了真正意义上的旅游企业和旅游行政管理机构。

3. 旅游管理体制改革稳步推进

1985 年 1 月，国务院提出了旅游管理体制实行"政企分开，统一领导，分级管理，分散经营，统一对外"的原则。1988 年 5 月，为加强对旅游工作的领导，国务院决定成立国家旅游事业委员会，作为常设议事协调机构，同时撤销国务院旅游协调领导小组。在这个阶段，推行旅游全行业管理的改革在全国范围内展开，取得了很大的成效，标志着我国旅游业开始向传统管理体制告别，步入一个新的发展阶段。按照"国家调控市场，市场引导企业"的原则，中央主管部门的职能和机构得到加强，旅游管理由行政管理向行业管理转变，由直接管理企业转变为通过市场间接进行管理和调节，政府、企业职能的清晰化迈开了坚实一步，政企分开工作不断得到强化，推行承包经营责任制，实行经济联合体，旅游业进一步转到了经济管理的轨道上。

4. 旅游管理体制改革不断深化

1994 年 3 月，国务院办公厅批准印发了《国家旅游局职能配置、内设机构和人员编制方案》（94 版"三定"方案），提出"要按照转变职能、理顺关系、精兵简政、提高效率的原则，建立适应社会主义市场经济需要的旅游行业管理体制"。1998 年,国务院办公厅印发国家旅游局机构改革"三定"方案 (98 版"三定"),对现有机构设置和人员编制进行了近一半的精简,明确国家旅游局是国务院主管旅游业的直属机构,在职能方面,不再保留对旅游外汇、旅游计划、旅游价格的管理职能。在外汇、计划和价格上实施了彻底的政企分开,进一步划清了中央和地方、政府和企业的关系。[①]1999 年 5 月,北京旅游集团举行成立仪式,标志着旅游局直属企业脱钩工作大部分任务完成。旅游企业体制改革完成阶段性任务。为推动旅游业发展,加强假日期间旅游的管理工作,2000 年,国务院批准成立"全国假日旅游部际协调会议"为假日旅游工作的协调机构,由国家旅游局、国家发展和改革委、商务部、建设部等 18 个部门的负责人组成。在这个阶段,以市场为基础配置旅游资源,切实转变政府管理职能,形成适应社会主义市场经济的旅游发展格局成为国家旅游管理体制改革的重点。国家旅游局的机构进行精简,其职能也得到转变,国家旅游局机关与直属企业实现了彻底脱钩,旅游法制建设加快步伐,行业管理进一步向"大旅游、大市场、大产业"的方向推进。企业改革在这一阶段不断地深化,按照建立现代企业制度的要求,实行政企分开,两权分离,通过改组、联合、兼并、租赁、承包经营和股份合作制等形式对旅游企业进行改革,发展旅游企业集团,增强旅游企业的竞争力。

5. 旅游管理体制进行调整完善

2004 年,随着我国《行政许可法》的实施,对旅游宏观管理的职能和权限再次进行调整和规范,促进了我国旅游管理体制进一

---

① 王诚庆等:《中国旅游业发展中的体制改革与创新》,《中国服务业发展报告 NO.5——中国服务业体制改革与创新》,社会科学文献出版社 2007 年版。

步完善成熟。2005 年，国家旅游局提出，"十一五"期间旅游行业需要完善旅游管理体制，要在政府职能转变中，完善旅游行政管理部门的公共职能，并进一步探索分层级的旅游管理体制，强化城市的市场监管和为旅游者直接服务的职能。[①]2008 年，国务院批复国家旅游局"三定"方案，明确国家旅游局的主要职责是：统筹协调旅游业发展。制定国内旅游、入境旅游和出境旅游的市场开发战略并组织实施。组织旅游资源的普查、规划、开发和相关保护工作，引导国民休闲度假，监测旅游经济运行，承担规范旅游市场秩序、监督管理服务质量、维护旅游消费者和经营者的合法权益的责任，推动旅游国际交流与合作，承担与国际旅游组织合作的相关事务等等。在这个阶段，机构改革告一段落，旅游管理体制在新的条件下进行了一定调整，调整重点是科学处理集权与分权的关系，以及在新的市场化条件下对旅游业发展的宏观调控手段的设立。同时，加快了旅游行业协会和中介组织建设，政府职能进一步转变，服务型机关建设不断推进。

6. 旅游管理体制继续创新发展

2009 年国务院下发了《国务院关于加快发展旅游业的意见》，确立了把旅游业培育成为国民经济的战略性支柱产业和人民群众更加满意的现代服务业的战略定位，提出坚持改革开放，破除体制机制性障碍，按照统筹协调、形成合力的要求，创新体制机制，推进旅游管理体制改革。2010 年，首批旅游综合改革城市试点工作启动，广东、云南、海南、重庆、福建等省市旅游改革先行先试。在新一轮省级机构改革中，旅游局（委）都进入行政序列，并相应增

---

① 邵琪伟：《在 2005 年全国旅游工作座谈会上的讲话》，国家旅游局网站，2005 年 12 月。

加了职能。同时，进一步推动了旅游国有企业改革改制步伐，外资、民资等各类资本和各类企业投资旅游业的积极性明显增强。随着《国务院关于加快发展旅游业的意见》的出台，标志着旅游业正式进入了国家战略体系，预示着中国旅游业将迎来新一轮的发展高潮，旅游管理体制改革也随之进入一个继续创新发展的新阶段，以适应旅游业发展的客观要求。

（二）当前旅游管理体制存在的问题

经过多年的努力，我国旅游管理体制改革取得了很大突破，建立起了政府主导型的旅游管理体制。这种管理体制的建立，促进了我国旅游产业的迅猛发展，促进全国旅游行业服务国家大局的能力明显提高，驾驭复杂局面的能力明显提高，推进旅游业科学发展的能力明显提高。目前，我国已经跃居全球第三大入境旅游接待国和第四大出境旅游消费国，旅游业对中国经济社会发展的积极作用更加凸显。但随着我国社会主义市场经济体制的不断完善，随着旅游业在国民经济中发挥越来越重要的作用，随着实现"两大战略目标"对旅游管理体制要求的不断提高，这种管理体制中包含的许多深层次问题也日益显现，成为制约旅游业健康、快速发展的不利因素。

1. 旅游资源管理与市场管理不协调致使旅游主管部门行业管理能力弱化

我国旅游资源极其丰富，但这些旅游资源的归口管理却是五花八门。从整体上看，我国旅游资源以风景、文物、文化为主，而这些旅游资源分属园林、文物、文化等部门；从景区景点来说，"风景名胜区""国家森林公园""自然保护区""地质公园""风景水利区"等分别归口建设部、林业部、环保部门、国土资源部、水利部管理，此外，各级"文保单位"属于文化部门，宗教场所隶属宗教部门；而在同一景区内部，建设、文物、林业、水利、卫生、旅游等多个部门往往是齐抓共管，政出多门。之所以形成这种多头管理的旅游行政管理体系，主要是为了加强对各类旅游资源的专业化管理，避免对旅游资源的过度开发和破坏。但是这种旅游管理体制却破坏了旅游业微观主体自身的完整性以及旅游产业链上不同主体的经济联系，妨碍各微观主体在旅游业产业链上的分工协作，旅游业的总体宏观战略也难以落实。旅游主管部门在旅游市场管理中的责、权、位却不相匹配，一方面旅游管理部门承担着旅游市场管理的重大责任，另一方面旅游管理部门又不可能包揽其他管理部门职能，缺乏应有的行政手段和法律手段，而且旅游管理部门的地位相对不高，从而造成旅游行业管理和行政约束能力都比较弱。

2. 旅游主管部门定位不明确造成旅游管理缺位、越位、错位现象较为普遍

在旅游市场竞争的条件下，政府的职能主要是在遵守旅游市场发展规律的前提下，制定旅游市场法律法规、条例和规定，创建符合市场发展要求的一系列制度和政策体系，用以规范、稳定和引导旅游市场的健康发展。政府要充当一个总设计师的角色，设计制定旅游业发展的总体规划，并通过各种宏观调控的手段贯彻和落实总体规划的目标与思路，对旅游业的发展进行规范、指导和调控，以保障旅游业健康、持续、稳定发展。而目前，由于旅游主管部门定位不明确造成了旅游管理缺位、越位、错位现象较为普遍。一是本来应当由政府部门生产和提供的旅游公共产品和服务，政府部门却没有充分履行职责；二是一些旅游管理部门仍然习惯于采取计划式、指令式的管理方式，直接插手旅游经济微观管理，在一定程度上压抑了旅游市场的发育；三是在旅游资源配置上还存在着以权力分配取代市场分配的现象，影响了市场机制正常发挥作用。这些情况在一定程度上压抑了旅游市场的发育，阻碍了旅游经济的发展。

3. 旅游法律体系不完备制约了管理部门依法行政的能力

我国旅游业立法工作虽然取得了一定成效，但却远远落后于旅游产业的迅猛发展。而许多旅游业比较发达的和法制比较完善的国家，旅游法律已经形成了比较完整的体系，成为国家法律体系的重要组成部分。我国虽然已经建立了以宪法为基础，以部门法为主干的社会主义市场经济的基本法律框架体系，但是从部门法的角度看，我国旅游法制建设仍然较为薄弱。迄今为止，我们仍然没有制定过一部全面、系统的旅游基本法律，国家级旅游立法数量较少，而地方性旅游立法又各自为政，缺乏统一性和协调性，造成我国旅游法律体系很不完备。这种法制建设的现状造成旅游宏观调控缺乏法律依据，严重制约了旅游管理部门依法行政的能力，也给旅游市场的规范和管理带来很多不利影响。

4. 地方管理"块"状分割直接影响宏观调控的实施效果

目前，我国旅游管理体制与行政管理体制基本一致，实行国家、省、市、县四级旅游局为旅游业主管部门的行政管理体系。国家旅游局是国务院主管旅游业的直属机构，负责统一管理全国旅游工作。地方旅游局则直属各级地方政府，主要担负国家旅游局职能在各行政单位下的延伸功能，实行属地管理。国家旅游局和各地旅游局之间的直线管理关系较弱，国家旅游对地方旅游局的调控，主要是通过工作指导的方式完成的。由于国家旅游局对地方旅游局的这样一种关系，使得地方旅游局在制定旅游政策时必然优先考虑地区需求，这固然对充分调动地方积极性，发挥地方管理部门在信息和知识上的优势，发展区域内旅游业具有一定的好处，但这种以地方政府主管的"块"状管理导致国家层面的旅游战略难以实施，地区割据在一定程度上导致了宏观调控失效以及重复建设、恶性竞争等问题，往往使国家旅游政策缺乏整体性和宏观性。同时，当前我国旅游业的区域联合，也往往是在地区间自发协调的层次上建立的，没有一个站在国家层面上的规划和设计，使国家整体的调控能力下降，旅游区域合作缺乏可持续性。

这个问题归根结底是中央和地方的旅游管理集、分权关系问题。既要保证不使地方和企业缺乏发展旅游经济的主动性和积极性，又要保证国家旅游宏观调控的有效性和连续性，就要处理好这一对矛盾，实现中央适度集权与地方适度分权。凡属于旅游业的宏观经济的决策、管理与调控权限，包括中央级别的旅游营销活动，应集中到中央，由国家旅游局及其主管部门统一掌握；凡属于地区经济的决策、管理与调控权限应下放给地方，由地方政府及各级旅游局主动支配；凡市场能自动调整的事务，应下放权力到企业，中央、地方在各自的职能范围内合理分工，各司其职，共同参与旅游经济决策与管理。

5. 旅游行业协会发育不健全限制其重要作用的发挥

从 1986 年我国第一个旅游全行业组织——中国旅游协会成立以来，经过 20 多年的发展，我国旅游行业协会已经初步形成了区域与行业的结构框架。从区域结构看，全国各个省、自治区、直辖市旅游局，均成立了旅游协会；从行业结构看，按旅游要素组成的各种专业协会已分布在各区域的不同层次上。

发达国家旅游管理的实践表明，旅游业的行业协会往往是市场的重要组成部分之一，旅游行业协会作为行业自律组织，作为政府和企业间的桥梁和纽带，在旅游产业发展中起着十分重要的作用。从我国目前的实际情况来看，我国的旅游中介组织发育尚不健全，极大限制其作用的发挥。一方面，由于长期实行计划经济的影响，我国旅游行业协会是从体制内成长起来的，虽然名义上担负着向上与政府沟通、向下协调会员关系、制定行业自律公约等作用，但在旅游经济的实际运行中并没有真正起到这样的作用，多数行业协会成为政府职能延伸的工具，在很多层面上都扮演着政府行业管理助手的角色，甚至以仿效政府行政命令开展工作，导致现阶段许多旅游行业协会的运作方式为准行政化。另一方面，从行业协会产生的动力和从事的活动而言，本应是为企业利益集团服务的产业组织，但目前我国各级旅游协会的形成机制大都是指令性而非竞争性的，从属于政府的机构改革，很难真正成为企业共同利益的代表。而且在协会成立的过程中，还往往担负着机构改革过程中分流人员的安置任务，成为旅游主管部门的"蓄水池"和"养老院"。因此，在现有体制环境下，行业协会缺乏职能观念，服务意识淡薄，缺乏行业威信，往往不能充分代表行业和企业会员，不能反映行业利益的要求，企业之间或企业与政府之间如果发生问题或矛盾，反而会绕开行业协会。

虽然近年来，旅游主管部门做了很多努力，但中介机构发育不健全的问题尚未得到有效改善，推进旅游行业协会改革的力度还不够大，行业协会自我发展、自主办会，行业自律水平仍比较低，桥梁纽带作用、行业自律作用发挥不充分、不明显，与整个旅游行业市场化程度较高的情况不相适应。

二、我国旅游管理体制改革的总体思路及机构框架设计

构建具有中国特色的旅游管理体制，其核心问题在于明确管理体制改革的总体思路，以及在这一总体思路下，如何对管理机构的基本框架进行合理设置。

（一）我国旅游管理体制改革的总体思路

探索我国旅游管理体制改革的方向，有一些必须坚持的基本原则是毋庸置疑的，那就是新的旅游管理体制要符合我国的政治经济制度，符合我国旅游业发展的客观要求。

1. 我国现行旅游管理体制的改革目标

我国现行旅游管理体制具有政府主导的特点，即将政府管理与市场机制进行有机结合，通过政府的强制性管理力量，促进旅游业实现快速增长。这种管理体制始于我国由传统计划经济向市场经济体制改革的转轨时期，当时我国社会主义市场经济体制初步建立，市场机制作用的发挥十分有限，而旅游业又被确定为国民经济新的经济增长点。因此，选择由政府进行主导的旅游管理体制，充分发挥政府强制性的管理力量，是符合当时我国旅游业发展需要的。但是随着我国社会主义市场经济体制逐步得到完善，市场机制调节作用不断增强，政府职能进一步转向宏观调控领域，这种管理体制已经不能适应当前和未来我国旅游业发展的要求。

从我国市场经济体制的完善程度与旅游业发展的战略步骤来

看，我国的旅游管理体制改革的目标可分为"近期目标"和"远景目标"。近期目标，就是要紧紧围绕"两大战略目标"，建立起政府引导旅游业健康、持续发展的管理体制，即在最大限度发挥市场机制作用的基础上，由政府充分运用各种经济杠杆调节旅游市场，通过政府加强对旅游业长远发展的规划与指导，来弥补旅游市场机制不成熟的缺陷，使旅游产业能够实现平稳发展。远景目标，就是要建立起以市场为主导的旅游管理体制，即强调市场机制对于旅游业发展的决定性作用，依靠市场机制来实现旅游产业内部的自行调节和自行均衡，政府在旅游业发展中起间接作用，主要通过一定的市场参数来调节旅游业发展，国家产业政策对旅游业的影响主要侧重于市场需求。

2. 管理体制改革的总体思路

我国旅游体制改革的总体思路是：以科学发展为主题，以转变发展方式为主线，以"把旅游业培育成国民经济的战略性支柱产业和人民群众更加满意的现代服务业"为目标，不断加强和改善旅游宏观调控，切实转变政府职能，推动旅游产业发展市场化改革步伐，积极培育旅游中介组织和旅游市场微观主体，创新体制机制，为旅游产业的健康、持续发展提供强有力的体制保障。

具体来说，就是要建立起中国特色的旅游管理体制。这种管理体制坚持市场竞争与政府管理并存，在最大限度发挥市场机制作用的基础上，政府积极进行旅游市场规制与管理。与此同时，一方面要兼顾旅游产业发展中政府的主导性因素（比如很多旅游产品具有公共性产品的性质，这些产品的开发就意味着政府在其中有必须承担的责任），另一方面也要兼顾我国社会主义市场经济不断走向成熟和完善的总体趋势。在这种管理体制下，政府对旅游经济的管理将从微观层面逐步撤出，越来越侧重于宏观层面。

（二）我国旅游管理机构的框架设计构想

旅游管理机构作为旅游业发展初期的开拓者，旅游业逐步兴起时期的规范者，旅游业发展成熟时期的协调者，其在旅游管理体制中的作用是不言而喻的。因此，对于旅游管理机构的设置，是旅游管理体制改革的重要内容。

1. 旅游管理机构设置的基本类型

从世界旅游组织 150 个成员国旅游管理机构设置的情况来看，主要包括：单独设置正部级旅游机构；单独设置副部级旅游机构；合并设置正部级旅游机构；在综合部门中设置旅游机构等四种类型。此外，还有部分国家设置了跨部门的旅游综合管理机构（见表4-1）。

表 4-1　世界旅游组织成员国旅游管理机构设置

机构设置类型	国家数量	主要代表国家	机构名称
单独设置正部级旅游机构	45	印度、巴西、古巴、埃及、马来西亚、阿根廷、以色列等	绝大多数国家设置了旅游部，极少数国家设置了国家旅游局或国家旅游总局
单独设置副部级旅游机构	7	保加利亚、加拿大、卡塔尔、中国、俄罗斯、乌兹别克斯坦、意大利	国家旅游局或旅游署
合并设置正部级旅游机构	74	澳大利亚、法国、巴基斯坦、秘鲁、韩国、泰国、约旦、西班牙等	多与文化部门合并设立机构，此外还涉及环境部门、交通部门、体育部门等等
在综合部门中设置旅游机构	24	日本、英国、瑞士、奥地利、匈牙利、德国、荷兰、波兰、智利等	日本在交通省下设观光部；英国在文化、传媒和体育部下设英国旅游局；德国在经济技术部下设国家旅游局等等

续表

机构设置类型	国家数量	主要代表国家	机构名称
备注		部分国家还设置了旅游综合管理协调机构。如泰国设立国家旅游委员会，副总理分管，由内阁主要部门组成，国家旅游和体育部部长担任委员会主席，民众联络厅长、艺术厅长、法制委员会秘书长、商业注册厅长、警察厅长或他们的代表担任副主席，首都曼谷旅游注册官员担任旅游委员会委员秘书。① 再如日本的部际旅游联络会议，隶属于首相府，由内阁总理大臣（总务长官）领导，由与旅游产业相关的 21 个部或部级机构的代表组成。	

从表 4-1 可以看出，在现有 150 个世界旅游组成成员国中，设立直属中央政府领导的部级旅游机构的国家共计 126 个，占世界旅游组织成员国总数的 84%，其中，52 个国家在中央政府中独立设置部级旅游机构，占 41.3%，这其中又有 45 个国家单独设立了正部级旅游机构，占独立设置部级旅游机构国家的 86.5%。而仅有 16% 的成员国，将旅游部门设在政府某一综合部门之中。

发展中旅游大国基本上都单独设立了旅游管理机构。比如，俄罗斯联邦政府设副部级联邦旅游署，由副总理直接分管；巴西、印度、墨西哥、马来西亚设独立的旅游部；南非设环境与旅游部，是内阁组成部门；沙特阿拉伯设正部级的最高旅游委员会等等。而欧美发达国家市场机制成熟，行业协会完善，多数国家是在综合部门中下设独立的旅游机构。

2. 我国旅游管理机构的框架设计

借鉴各国旅游管理机构设置的基本类型，我国旅游管理机构的具体设计可以有以下三种可供选择的方案：

---

① 陈国林：《浅谈泰国旅游管理法律制度》，《法制与社会》2008 年第 9 期。

　　方案一：设立国务院直属的正部级旅游管理机构，即成立国家旅游管理总局。第一，从旅游业自身的特点来看，旅游业属于综合性、关联性较强的产业，其管理涉及多个部门，许多工作需要多部门配套联动，综合协调任务比较繁重。目前，国家旅游局是直属国务院的副部级单位，凭借其自身很难对多个部门（其中不乏正部级单位）进行有效的协调。因此，对旅游管理机构进行升格的实质，是国家旅游职能在规划、政策、执法、重大旅游问题解决上的综合协调能力的增强。第二，从实现旅游业"两大战略目标"的要求来看，需要加快推动旅游业与第一、第二、第三产业的融合发展。与第一产业融合发展，主要是发展乡村旅游和红色旅游；与第二产业融合发展，主要是发展旅游装备制造业；与第三产业融合发展，主要是促进旅游产业与文化产业、体育产业、金融业、信息产业等融合发展。在这种融合中，旅游能够影响、带动和促进的关联行业越发庞大。而进一步推动旅游产业与这些相关产业进行融合，带动相关产业发展，无疑需要一个比当前国家旅游局级别更高、职能更强的旅游管理部门。第三，从地方旅游管理机构的设置来看，目前各省、自治区、直辖市都设立了正厅级的旅游管理部门，而部分地区，如北京市、海南省更是将旅游局更名为"旅游发展委员会"，由政府直属机构升级为组成部门。在全国各地不断加强旅游管理部门职能和提高旅游管理部门定位的总体趋势下，中央一级的旅游管理部门仍然保持为副部级管理机构，显然不利于国家旅游宏观调控作用的充分发挥，不利于国家旅游整体发展战略的实施。第四，从加强旅游国际交流的角度来看，世界旅游组织的多数成员国都单独或合并设立了正部级的旅游管理机构（比如"金砖四国"中的巴西和印度均设置了正部级的旅游部），建立与这些国家行政级别对等的旅游管理机构，也是增进旅游业国际合作与交流的现实要求。此外，成立国家旅游管理总局，并不增加国务院的组成部门，不会给国务院精简机构、推行大部制改革的工作带来压力。

方案二：设立直属国务院领导的副部级旅游管理机构，同时增设旅游综合协调机构。即保持现有国家旅游局作为直属国务院的副部级单位不变，国务院成立国家旅游委员会。针对目前政出多门的旅游管理现状致使旅游主管部门行业管理能力弱化的具体情况，迫切需要建立一整套级别高、权威大、职能强的旅游决策和综合协调机构。事实上，在我国旅游管理体制改革的历程中，对于旅游综合协调机构已经进行了有益的探索，比如 1985 年 12 月成立的国务院旅游协调领导小组，由时任副总理谷牧同志任组长；1988 年 5 月成立的国家旅游事业委员会，由主管副总理吴学谦同志任主任。2000年，国务院批准成立"全国假日旅游部际协调会议"为假日旅游工作的协调机构，由国家旅游局、国家发展和改革委、商务部、建设部等 18 个部门的负责人组成，在假期旅游协调管理的实践中也取得了积极的效果。目前可以考虑将假日旅游协调机构的职能扩大化，业务常态化，成立国家旅游委员会，由国务院主管领导负责，国务院相关部门负责人组成，共同行使旅游综合协调职能。国家旅游委员会下设办公室，为国家旅游委员会的办事机构，办公室设在国家旅游局，负责日常管理工作。如果不成立国家旅游委员会，也应当成立国家旅游领导小组。如果按照这个方面的思路进行改革完善，也需要对国家旅游局的内部职能进行适当的调整，如加强综合协调功能等。

方案三：与相关部门合并设置直属国务院领导的正部级旅游管理机构。从我国旅游业在国民经济中的地位和作用来看，从实现

"两大战略目标"的要求来看，都需要保持旅游管理部门在国务院机构设置中的独立地位。如果在下一步国务院机构改革过程中，确实需要将旅游部门与其他部门合并设置，那么从目前国务院组成部门及直属机构的设置情况来看，最适合将旅游部门与体育部门合并，成立国家旅游与体育管理总局。随着公众消费的强劲增长，传统的观光旅游已逐渐不能满足旅行者们的需求，体育旅游成为新的消费热点，有着巨大的活力，体育与旅游产业融合发展的态势也日益显现。体育旅游的兴起可以丰富旅游产品的种类，弥补传统旅游中的不足。两者的结合，将会给旅游市场带来更大的发展空间。

通过对上述三种旅游机构设置情况的分析，结合我国旅游业发展的战略目标，我们认为，此次旅游管理体制改革，应尽量保持旅游管理部门的独立性。第一方案是将国家旅游局升格为正部级的国家旅游管理总局；第二方案为保留国家旅游局为国务院直属机构，同时成立国家旅游委员会，作为跨部门的旅游决策和综合协调机构。如果下一步国务院机构改革过程中，确需将旅游部门与其他部门合并，第三方案建议将旅游部门与体育部门合并，成立旅游与体育管理总局。

三、构建中国特色旅游管理体制的政策建议

在我国社会主义市场经济不断走向成熟和完善的过程中，在旅游产业组织不断规范和调整的过程中，要推动旅游业实现"两大战略目标"，必须尽快构建既适应旅游业特点，又符合我国实际的

旅游管理体制。

（一）树立适应旅游发展的核心理念

对传统的旅游管理体制进行改革，必须打破传统旅游管理体制给旅游发展理念带来的桎梏，树立适应旅游业发展要求的旅游管理核心理念。

1. 以人为本，把维护和实现最广大人民的根本利益作为旅游管理体制改革的最高宗旨

必须始终把以人为本贯穿旅游业发展的全过程，千方百计提高人民群众对旅游业的满意度。新的旅游管理体制要贯彻落实科学发展观、树立以人为本的理念，就是要尽最大努力保障广大人民群众的旅游权利，提升国民的旅游福祉，让人民群众更大范围、更高程度分享旅游业发展的成果。要通过旅游管理体制改革，不断强化旅游公共服务职能，积极推进旅游公共服务体系建设，加强公共信息服务，构建旅游安全保障机制。要通过旅游管理体制改革，推进旅游诚信体系建设，推动旅游市场规范有序发展。树立以人为本的理念，让旅游业发展成果与人民共享，这才是科学发展观在旅游业的重要体现，也是旅游业可持续发展的根本保障。

2. 服务至上，把满足人民群众不断增长和变化的旅游需求作为旅游管理体制改革的出发点和落脚点

推动我国旅游管理体制改革，必须明确管理至上还是服务至上的方针，也就是必须明确旅游主管部门主要做什么的问题。旅游管理体制改革，就必须根据完善社会主义市场经济体制和旅游业科学发展的要求，对政府旅游管理职能体系中的多项职能进行定位，明确其主导职能，以加快政府旅游管理职能的转变。目前，在构建服务型政府的总体趋势下，旅游管理部门显然要确立服务至上的旅游管理理念，依据社会主义市场经济的发展规律，建立服务公众的旅游管理及服务体制。这就要求，旅游管理部门在规划旅游发展战略、制定旅游政策和制度、规划和开发旅游资源、协调各个旅游主体的利益关系等方方面面，都要把公众的要求摆在首位，要围绕"服务于民"这个中心来开展工作。通过旅游管理体制改革，真正促进旅游业能够适应我国城乡居民收入稳步增加、消费结构升级加快、旅游需求快速增长和多元化发展的趋势。

3.透明政府，把强化旅游监督管理体系作为保障旅游管理体制改革的长效机制

从权力制约机制来讲，政府的公共权力运作应该置于各种监督主体的监督之下，政府只有按照法定的程序进行的管理才具有合法性。树立透明政府的理念，就是要通过旅游管理体制改革，不断强化旅游监督管理体系，使旅游管理部门实施的管理活动受到来自各方面的监督，使其管理活动的目的、内容、方式、程序、时间、地点、人员保持公开和透明。建立起旅游管理部门与社会和公众共同参加旅游管理的新型合作方式，由政府、企业、社会、公民共同参与旅游管理决策，制定多方共赢的旅游政策，实现旅游资源配置的最大化和最优化。同时，政府、企业、社会、公民的共同参与，使各利益相关者形成互动的、多向交流的、平等友好的关系，形成公平、正义、促进旅游业健康发展的长效机制。

（二）强化旅游管理职能和机构设置

1.成立国家旅游管理总局

国家旅游管理总局作为国务院直属机构，代表中央政府管理全国的旅游业。其主要职能是：制定和执行旅游业相关法律法规；制定并组织实施旅游业的总体发展战略；决定并监督国家级重大旅游项目的实施；制定和执行国家旅游业发展中长期规划；制定和完善旅游行业各项规章制度；协调旅游相关各部门、各行业之间的关系；处理旅游活动中出现或涉及的重大问题；组织国家旅游整体形象的对外宣传和重大推广活动；负责国家旅游资源环境保护工作；推动旅游国际交流与合作等等。

2. 因地制宜，成立地方旅游管理和综合协调机构

随着我国旅游业的快速发展以及《国务院关于加快发展旅游业的意见》（国发〔2009〕41 号）的发布，我国地方旅游管理体制改革步伐明显加快，出现了多种模式。其中，大多数省（区、市）成立了主要领导或分管领导牵头的旅游协调领导小组；北京市和海南省将旅游局改为旅游发展委员会，由政府直属机构升级为政府组成部门；深圳则推动大部门改革，成立文体旅游局，进一步整合文化、体育和旅游资源。从实践来看，这些地方性的旅游管理体制改革均取得了积极的效果。因此，地方旅游管理机构的设置要坚持因地制宜的原则，充分结合各地旅游管理的特点和旅游业发展实际，采取灵活多样的方式，积极推动旅游管理体制改革。

3. 建立国家旅游部际联席会议制度

建立国家旅游部际联席会议制度，定期或不定期召开会议，由国家旅游总局召集，国务院主管旅游工作的领导同志及国务院相关部门负责人参加，地方旅游管理及综合协调机构负责人列席。通过旅游部际联席会议，加强国务院相关部门之间的协调与联系，实现中央与地方旅游管理部门工作的有效对接，使国家旅游总体发展战略能够更加直接地影响和指导各地旅游业的发展，使国家旅游整体宏观调控与地方旅游市场调节实现有机结合。

（三）建立健全旅游监督管理体系

进行旅游管理体制改革，转变旅游行政管理职能，规范旅游行政管理行为和旅游市场秩序，离不开必要的监督和制约。特别是旅游管理体制由传统的政府主导型向政府引导型转变的过程中，传统的监督形式相对来说显得力度不够，迫切要求建立健全旅游监督管理体系。

1. 鼓励多元化监督主体，实施多层次、全方位监督管理

一是国家监督，指以国家及相关职能部门为监督主体，其基本形式包括政府监督和司法监督。政府监督主要指各级旅游主管部门对旅游业发展实施的监督，司法监督则主要是指司法机关通过行使司法权对旅游业发展实施的监督。二是中介组织监督，主要指旅游业的各级行业协会，对旅游管理部门及旅游企业的行为实施监督。三是新闻媒体监督，主要是通过新闻媒体真实及时的报道，使旅游管理各工作环节公开透明，对管理和经营主体形成压力和动力，以促进旅游业良性发展。四是社会公众监督，是指社会上全体公众对旅游管理部门、旅游中介组织、旅游企业和旅游者进行监督，政府有关部门要广开渠道，支持鼓励广大民众积极参与旅游决策管理。

2. 逐步完善旅游标准体系，为旅游监督管理工作提供标准依据

对旅游业发展的各个环节实施有效监督，除了要依据国家相关的法律法规，还需要依据旅游业各类相关标准。因此，推进旅游标准化工作既是促进我国旅游产业转型升级的必然要求，是夯实我国旅游发展基础的重要支撑，也是加强旅游监督管理工作的客观要求。要按照《全国旅游标准化发展规划（2009—2015)》的要求，加快制定旅游业相关国家标准和行业标准，推动旅游饭店、旅行社、旅游景区、旅游安全、环境卫生、节能减排等标准的不断完善。通过大力实施旅游标准化引领战略，建立适应我国旅游业发展的旅游标准化管理体制与工作机制，形成较为完善的旅游标准体系，扩大旅游标准领域的覆盖面，促进旅游服务质量、管理水平和产业竞争力的全面提高，形成建设世界旅游强国的技术支撑和保障体系。通过旅游标准体系的不断完善，为旅游监督管理工作提供标准依据。

（四）加大全国旅游资源整合力度

按照资源优势、区域创新、产业互动、可持续发展的原则，加大区域旅游资源整合力度，实现旅游资源效益最大化，旅游资源优势品牌化，将区域的资源优势转变为区域旅游业的整体优势。

1. 做好旅游资源的评估确认工作

对旅游资源进行评估确认，是区域旅游开发规划的一项重要基础性工作。从系统论的观点来看，区域旅游资源的价值突出表现在诸多旅游资源要素的整体资源系统的功能上，而这个整体资源系统是由多个具有旅游资源个体性质的子系统构成的，因此，首先要对旅游资源个体的性质、状态、组成、形成与演化、旅游价值、保存状况等进行评估确认。同时，这些个体旅游资源不是孤立存在的，它们相互之间具有内在的联系，彼此依存，又相互制约，共同构成区域乃至全国旅游资源的整体。因此，区域旅游开发和管理，必须要对整体的区域旅游资源进行系统评估确认，理清各种旅游资源在整个区域内的组合关系。此外，区域旅游发展规划，同时要受到旅游资源以外的各种要素的制约和影响，比如交通通讯条件、基础设施条件、区域经济发展水平、城市依托条件等等，也必须对这些要素进行全面、系统、动态的评估确认，为区域旅游产品的定位和开发战略的选择提供科学依据。

2. 加快区域旅游资源整合

打破旅游资源各地分割管理的局面，跨越行政的辖区界限，摒弃各自为战、单打一或者大而全、小而全的发展模式，对旅游大区进行资源整合、利用、开发、建设。旅游资源整合可以根据各旅游区域的特点不同，采取灵活多样的方式。一是可以区域内优质旅游品牌为基础，以品牌打造和品牌推广为核心，以提高原旅游产品的质量和开发新产品为主要手段，对区域旅游资源进行重新布局与开发。二是可以交通线为脉络和以地理邻近为依据，重点进行旅游交通路线的设计，通过最优化的旅游线路，对区域内的旅游资源进行全方位整合，满足旅游者的消费需求。三是可以依托城镇空间，对区域内的旅游服务设施等进行整合，对于重复建设、服务质量较差的旅游景点、服务设施、企业予以整顿，对于优良的旅游景点、服务设施、优秀的旅游服务企业进行鼓励和引导，并在区域内部协调各城镇之间的分工与合作。

3. 建立区域旅游管理机制

根据国家旅游委员会制定的旅游业总体发展战略，制定区域旅游发展规划。区域旅游发展规划必须得到国家旅游委员会的认证与批准，由国家旅游局负责总体实施，区域所辖的各个地方旅游局具体执行。在旅游发展规划实施的过程中，必须介入所有的利益相关方，由社会、媒体、法律等各方进行全方位监督，通过绩效评估结果公开以及与财政预算和国家项目挂钩等形式激励区域旅游业的发展，提升旅游服务的效率效力。

（五）转变旅游行业协会发展思路

旅游行业协会的本质特征是为旅游业发展制定和实施自律性的行规会约，解决旅游市场中的纠纷，促进合作和交流，维护会员的合法权益。因此加快发展旅游行业协会，是改革旅游管理体制，提高旅游服务质量和服务水平、规范旅游企业经营、规范旅游市场秩序、开拓国内国际市场的必然要求。

1. 与旅游行政管理部门建立新型合作伙伴关系

旅游业的发展必须遵循市场经济法则，一方面，政府不能以行政手段多加干预，但另一方面政府在旅游业发展方向、发展规模、行业秩序等各主要方面又必须有所作为。因此，要真正实现政企分开，行业协会必须真正发挥其应有的作用。这就需要政府旅游管理部门能够切实转变观念，帮助支持行业协会的发展，将事实上的隶属关系真正改变成为新型的合作伙伴关系。双方在平等互利的基础上展开交流与合作，只有这样，协会组织才能更深刻地理解国家的旅游发展战略、发展方针、法律法规和政策，向企业进行有效的宣传，使他们的经营行为符合国家旅游业发展的大方向。同时，协会组织也能够真正切实代表企业及时向政府反映他们的利益和要求，反映他们对政府管理行为的意见和建议，为政府及时调整管理思路，制定方针政策提供依据。

2. 以企业为主导改造现有旅游行业协会

之前我们指出，我国现有的旅游行业协会基本是以政府主导形成的，职能发挥上缺乏独立性，无法真正发挥政府与企业间桥梁纽带的作用，也不能真正维护旅游行业企业的利益。要推进旅游行业协会的发展，就要改变当前政府主导的旅游行业协会发展模式，转以大型旅游企业为主导，中小型企业积极参与，政府部门密切配合的总体思路对旅游行业协会实施改造。

3. 进一步强化旅游行业协会的服务功能

目前，国内的大多数旅游协会号召力不强，缺乏行业凝聚力。一小部分行业协会正步入"经费少——服务差——会员不认可——不愿交会费——经费更困难"的恶性循环之中。旅游行业协会要实现健康持续发展，强化服务职能很关键，因为这直接关乎行业协会能否做大做强。作为服务型组织，旅游行业协会要努力帮助旅游企业进行旅游相关的市场调查和研究；通过组织会员考察，举办各类旅游讲座、培训，进行信息交流；为中小旅游企业会员提供法律、咨询等服务和援助。通过开展多方位的服务，解决会员的实际困难，维护会员的利益，这样才能吸引更多的企业入会，增加行业协会的经费来源。此外，各级旅游行业协会应该主动开展一些宣传活动，例如创办行业刊物、网站等，为行业内企业提供交流合作的服务平台。只有把为企业服务的工作做到实处，才能增加行业协会自身的影响力、吸引力和凝聚力。

4. 扩大行业协会的社会覆盖面

我国各级旅游协会普遍存在的一个问题是会员数量严重不足、会员覆盖面过窄。据统计，旅游行业协会的会员企业数量一般不超过全行业企业总数的40%。会员单位大多局限在原部门系统内，而且会员企业又绝大多数是国有企业。[①] 旅游行业协会要发挥行业自律作用，就必须积极扩大会员数量，广泛吸收成员单位。同时要

---

① 李晓冬：《完善行业协会组织 促进旅游产业发展》，《经济论坛》2011年第7期。

进一步优化会员结构，协会应鼓励各种所有制形式、不同规模的企业、大专院校、科研单位以单位会员身份入会，也可吸收具有专业特长或实践经验的专家、学者以个人会员身份入会，从而结束过去会员主要以国有及国有控股企业为主的单一局面。只有这样才能扩大会员在行业中的覆盖面，增强行业协会的代表性和凝聚力，为旅游行业协会发挥行业自律作用打好坚实基础。

（六）积极培育旅游市场微观主体

我国是一个旅游大国，旅游业发展潜力巨大。一方面，要把潜力变成现实的生产力，需要建立一批实力雄厚、在国际上具有较强竞争能力的国家级大型国际化、集团化企业。另一方面，建立具有中国特色的旅游管理体制，也需培育实力强劲的旅游市场微观主体，其中国有大型旅游企业作为国家旅游宏观调控的重要载体，需要不断做优做强，增加国有旅游资本的控制力。因此，要积极组建大型旅游企业集团，提高旅游产业资产关联度，优化产业结构，规范旅游市场行为，实现市场竞争有序化。

1. 推动旅游企业集团横向联合，提升市场主体地位

快速培育我国旅游市场上的大型旅游企业集团，可以积极推动现有旅游企业集团之间的横向联合。目前国内的旅游企业集团都不同程度地在某个领域具有自己的比较优势，有的是在旅游产品方面，有的是在旅游服务质量方面，有的是在区位优势方面等等。这些旅游企业集团之间可以通过强强联合，实现优势互补，做优做强，将完整的旅游产业链条内化，提升其在旅游市场上的主体地位。

2. 鼓励旅游集团有效整合地方资源，增强国有旅游资本的控制力

目前，许多地方旅游企业分布较散，实力较弱，对旅游资源进行人为分割，既容易产生恶性竞争，破坏市场秩序，也影响旅游业的整体市场绩效的提高。因此，应当鼓励有实力的国有旅游集团通过兼并、收购、参股、控股等多种资本运营的手段，有效整合地方旅游资源，形成覆盖全国或主要旅游地区的经营网络，增强国有旅游资本的控制力和带动力。通过纵向资源整合，不仅可以优化市场竞争者的质量，增强企业的市场支配能力，而且可以改善旅游行业的市场结构，解决市场有限性与行业整体生产能力不断扩大的矛盾。但是在整合地方资源的过程中，要注意坚持发挥市场机制的作用，减少行政干预。

3. 积极实施"走出去"战略，增强国内旅游企业的国际影响力

企业实施"走出去"战略，是我国利用"两个市场、两种资源"，打破贸易壁垒，带动自身资本、设备、产品、技术、工程、劳务等的输出，培育自己的跨国企业，提升外向型经济层次的现实需要。在当前全球经济发展疲软、人民币汇率波动、我国外贸内外环境趋紧等诸多不利因素的情况下，我国旅游企业贯彻中央的"走出去"战略显得尤为重要和紧迫，且正当其时。要鼓励旅游企业抓住机遇，规避各种风险，努力提高企业的经营管理水平，增强企业核心竞争力，积极实施"走出去"战略。要加强旅游宣传推广和对外交流，围绕"中华文化旅"主题，在继续巩固和拓展港澳台市场的基础上，进一步开拓海外市场，不断挖掘旅游需求，促进国内旅游市场繁荣发展。通过国内旅游企业"走出去"战略的实施，增强国内旅游企业的国际影响力，更有效地为发展我国国民经济、提高我国经济实力和人民生活水平服务。

（七）加强旅游法律法规体系建设

市场经济的本质是法制经济，旅游市场主体的行为、旅游市场秩序的维系、旅游市场对资源的有效配置以及政府对旅游市场活动的管理，都必须依照相关法律来规范、引导、约束和保障。因此，必须加强旅游法制建设，完善旅游法律体系。

1. 尽快出台旅游基本法

旅游业作为综合性强、关联度高、涉及面广的产业，包括诸多要素，而各种旅游要素资源管理却分散在各个行业主管部门之中，现有的旅游行政法规及部门规章已经明显不能适应旅游产业发展的需要。当前，旅游与相关部门管理职权的交叉导致旅游行政执法难度很大，再加上地方保护主义和缺少必要的旅游法律可依，旅游者和旅游经营者的合法权益得不到保障。因此必须尽快出台旅游业的基本法，来理顺旅游运行中的各种法律关系和责任，以促进和保障旅游业的健康、持续发展，实现对旅游业的宏观调控，协调旅游业与其他行业的关系。

2. 填补旅游专项法规空白

我国现行的旅游法律规范主要是行政法规和部门规章，且一部分是由相关行政职能部门颁布的。现有的有关旅游的行政法规主要涉及旅行社、导游、出入境方面，还有一些是涉及税收、旅客运输、损害赔偿等方面的行政法规，旅游专项法规的空白较多。比如，随着经济的迅速发展，饭店业在国民经济中也占有了较大的地位。而我国目前的法律法规却无法面对繁荣的饭店业带来的各种纠纷和管理难题。制定我国的《饭店法》，已经是饭店业健康发展和保护消费者权利、解决国际纠纷的客观要求。再比如，目前旅游市场监管难度不断增加，旅游市场监管常常面临"查处易，取缔难；处罚易，根治难"的尴尬状况，一个重要因素是缺乏一部旅游市场监管专项法规，针对旅游行业中存在的形形色色的违法行为实施专打严控，通过专项法规进行有效的规制。因此，需要加快旅游专项法律法规的制定，改变旅游产业发展多个领域无法可依的不利局面。

3. 协调地方旅游立法

现阶段，无论是立法数量，还是立法质量，我国的地方旅游立法已经超过了中央的旅游立法。这说明目前的旅游法制建设已跟不上行业发展的步伐，更不能适应旅游业发展的需求。地方旅游立法的繁荣一方面有利于保护当地的旅游业，但另一方面，由于各地具体情况不同，在立法内容上也难免存在差异，因而造成了现实中法律适用的困难。因此，需要从更高层级加大立法工作，对地方旅游立法进行统一协调，避免各个地方旅游法规之间的冲突。

后　记

　　本书是在《我国旅游业实现两大战略目标的体制改革创新研究》课题成果基础之上形成的。课题报告是在 2012 年完成的，为了更好地反映当时课题研究的全貌，本书完整地保留了原来的总报告和四个子报告的内容，只是按照出书的要求，进行了必要的文字和技术处理。

　　本书各章的具体分工为：总论（张占斌、徐跃）；第一章（姜秀谦、怀铁铮）；第二章（刘应杰、刘文海）；第三章（王君琦、蒲实）；第四章（张占斌、唐成）。中国行政体制改革研究会研究部具体负责组织协调工作。

　　本课题的研究得到了国家旅游局领导和有关司局的大力支持和帮助，特别是彭德成司长为课题研究提供了许多资料，并介绍了相关情况。本书的出版，得到了中国行政体制改革研究会会长魏礼群同志的热情指导和关心，秘书长王满传同志、常务副秘书长王露同志的诸多支持和帮助。国家行政学院经济学教研部主任张占斌教授，以及周跃辉博士对全书进行了统稿和出版的相关事宜。人民出版社经济与管理编辑部副主任郑海燕女士为本书出版付出了很多辛劳。在此，一并表示感谢！

　　中国旅游业发展日新月异，是一个激动人心的大行业，我们将继续跟踪深入研究。本书的一些提法和思考不一定成熟，欢迎读者批评指正。

作　者

2015 年 7 月 20 日

策划编辑:郑海燕

封面设计:吴燕妮

责任校对:吕　飞

图书在版编目(CIP)数据

我国旅游业体制改革创新研究/姜秀谦 等著. -北京:人民出版社,2015.11
ISBN 978－7－01－015368－1

Ⅰ.①我…　Ⅱ.①姜…　Ⅲ.①旅游业-经济体制改革-研究-中国
Ⅳ.①F592.3

中国版本图书馆 CIP 数据核字(2015)第 241729 号

我国旅游业体制改革创新研究
WOGUO LÜYOUYE TIZHI GAIGE CHUANGXIN YANJIU

姜秀谦　刘应杰　张占斌　等著

人民出版社 出版发行
(100706　北京市东城区隆福寺街 99 号)

北京汇林印务有限公司印刷　新华书店经销

2015 年 11 月第 1 版　2015 年 11 月北京第 1 次印刷
开本:710 毫米×1000 毫米 1/16　印张:11.25
字数:130 千字

ISBN 978－7－01－015368－1　定价:32.00 元

邮购地址 100706　北京市东城区隆福寺街 99 号
人民东方图书销售中心　电话 (010)65250042　65289539